우리도 몰랐던 국호
대한민국

일러두기

1. 이 책은 국립국어원의 한글 맞춤법 규정을 따르되 몇몇 소설이나 기사, 인물의 말 등은 원문 그대로를 가져왔습니다. 따라서 현대 맞춤법과 다르게 표기된 부분이 있습니다.
2. 단행본·잡지·학술서·고서 등 책은 겹화살괄호(《 》), 책의 속권 혹은 속편이나 시·신문·논문·속기록·영화·노래는 홑화살괄호(〈 〉)로 표기했습니다.
3. 이 책에 사용한 모든 자료의 출처를 밝히려고 최선을 다했습니다. 혹 출처가 누락되거나 잘못 들어간 부분이 있다면 알려 주십시오. 바로잡겠습니다.

우리도 몰랐던 국호

대한민국

조성일 지음

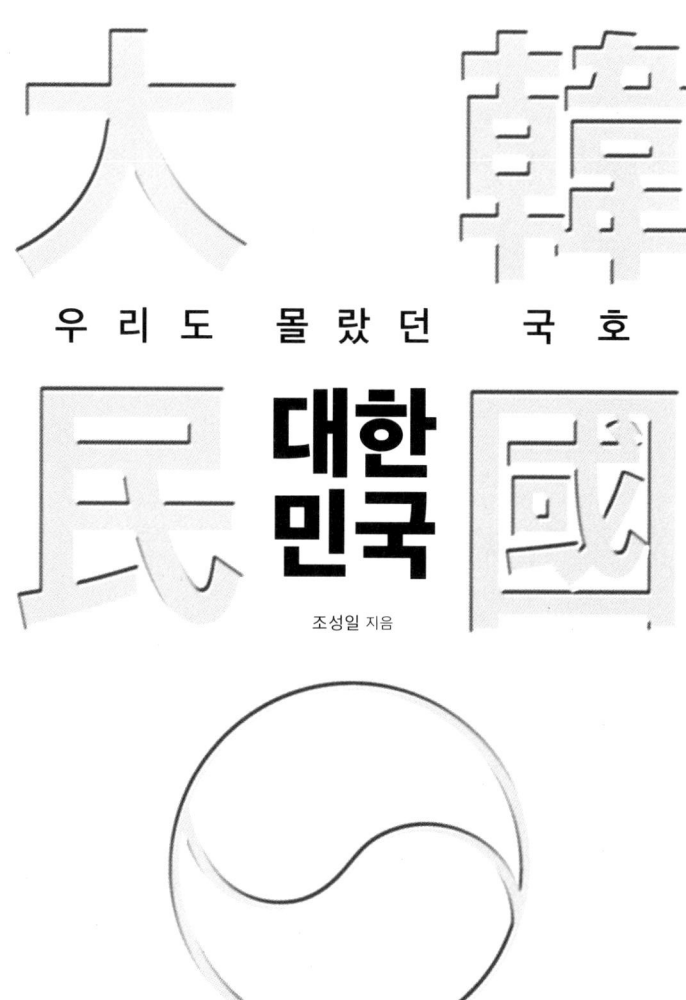

가디언

프롤로그

국호, '대한민국'이라는 이름의 여정

대한민국의 국호가 무엇인지 아는가. 혹시 이 물음에 나를 멱살잡이할지도 모르겠다. 유치원생도 다 아는 사실을 묻는 데는 분명 그 행간에 '숨은 의도'가 들어 있다고 생각해서다. 그러므로 굳이 답하지는 않을 것 같다.

그렇다면 대한민국의 국호 '대한민국'을 언제 어디서 누가 어떻게 왜 지었는지 아는가. 이 물음에는 앞 물음에서 품었던 불편한 마음을 접고서 겸손한 태도로 고개를 가로저을 게 분명하다. 왜? 아무도 가르쳐주지 않았으니까.

국호와 관련해서는 두어 권의 책과 몇 편의 논문이 발표돼 있긴 하다. 하지만 그것을 일부러 찾아 읽어볼 우리가 아니잖은가. 솔직히 궁금하지 않았으니까. 사람들이 우리나라를 '대한민국'이라고 하니까 나도 덩달아 그런가 보다 할 뿐이었다. 게다가 우리의 역사 교양을 오롯이 채워주던 학교에서조차 국호에 관해서는 일언반구의 설명도 없었잖은가.

나는 이런 문제의식으로 '국호'에 관한 책을 써보겠다고 맘먹었다. 그런데 관련 책과 논문을 찾아 나서기에 앞서, 문득 최인훈의 문제 소설 《광장》이 툭

하고 떠올랐다. 그것도 소설의 주인공이 포로 석방 심문을 받던 바로 그 장면이었다. 읽은 지 너무 오래돼 작품 줄거리조차 가물가물한데도 주인공 이름은 물론이거니와, '어느 쪽으로 갈 것이냐'는 심문관의 물음에 대한 그의 대답만은 또렷했다. 이명준과 중립국. 도대체 이 뜬금포는 뭘까.

아마도 몇 날 며칠 생각을 공 굴리던 '국호'와 관련이 있을 게 분명했다. 내 '생각'과 '이명준'이라는 인물이 연관검색어가 될 수 있는 그 무엇을 찾아보기로 했다. 작은 실마리라도 얻을 수 있을까 싶어 서가에서 먼지를 뒤집어쓴 채 깊은 잠에 빠진 《광장》을 깨웠다.

소설의 줄거리를 여기서 자세하게 다 말할 수 없어 그 얼개만 간추려 본다. 이 작품의 주인공은 철학과에 다니던 대학생 이명준이다. 명준은 개인의 자유로 상징되는 남한의 밀실에 염증을 느껴 집단적 가치가 허용되는 광장을 찾아 북한으로 넘어간다. 명준은 대일항쟁기 때 언론인으로 활동하다 해방 후 월북하여 고위 관리가 된 아버지의 도움으로 노동신문 기자가 된다. 하지만 명준은 거기서도 제대로 된 광장을 찾지 못한다. 방황하던 명준은 한국전쟁에 참전했다가 포로로 잡힌다. 명준은 포로 석방 심문 때 '남한'도 '북한'도 아닌 중립국을 택한다. 그리고 중립국 인도로 가는 타고르 호에서 바다에 몸을 던진다.

몇 줄짜리 얼개 문장을 쓰면서 따옴표 중독증을 티 내지 않으려 애썼다. 소설의 핵심 열쇳말일 수 있는 밀실이나 광장이라는 낱말을 쓸 때는 금단증상이 오기 직전임을 몸으로 느낄 수 있었다. 용케 잘 견뎠다. 그런데 얼개 끝에서 '남한'과 '북한'이라는 낱말을 소환하면서 순간 정신을 잃었었나 보다. 작은따옴표를 치고 말았다.

왜 '남한'과 '북한'에 작은따옴표를 쳐 도드라지게 했을까. 이 의문이 바로 《광장》을 떠올린 뜬금포의 원인이었다. 이것들이 내가 공 굴리던 생각의 실마리였다.

나는 국호에 관한 책을 쓰겠다고 맘먹은 후 유난히 '대한민국'이라는 글자에 집착하고 있었다. 특히 대한민국이라는 네 글자가 품고 있는 '그 무엇('정체성'이라 해두자)'이 궁금했다. 이 '대한민국'이 과연 우리의 국토랄 수 있는 한반도 전체, 남한과 북한을 모두 아우르고 있는가 싶었다. 이명준이 떠오른 건 이런 생각을 할 때였던 것 같다. 이명준이라는 인물 속에는 '남한'과 '북한'이 모두 들어 있었기 때문이었다.

이명준이 실마리가 되어 내 생각은 더 멀리 나아갔다. '남한'과 '북한'은 한반도 휴전선을 기준으로 남쪽과 북쪽의 나라를 각각 통칭하는 정치적 용어가 아닌가. 이 용어를 가치중립적이라고 해서 여기저기서 쓰는 것 같은데, 정말 그런지는 모르겠다. 알다시피 이 용어에 남한은 '자유주의', 북한은 '사회주의'를 상징하는 의미가 행간에 포함되어 있어서다.

그런데 왜 '대한민국'과 '조선민주주의인민공화국'이라는 정식 국호가 엄연히 있음에도 남한과 북한으로 불렀을까. 우리 한반도가 국제정치 상황에 의해 두 나라로 나뉜 특수한 이유가 있기는 해도 왜 정식 국호로 부르지 않았을까 싶었던 것이다. 홍길동도 아닌데 말이다.

이런 생각이 점점 꼬리에 꼬리를 물더니 급기야 내 궁금증은 우리나라 국호는 어떻게 지어졌고, 또 어떤 역사와 배경을 가지고 있고, 그 의미는 무엇일까에까지 이르게 되었다.

우리 근현대사 연표에서 남다른 의미가 있는 해인 2025년도 어느덧 저물어 가고 있다. 한일협정 60주년(1965년 6월 22일)과 광복 80주년(1945년 8월 15일)이 지나갔다. 책이 출간된 날을 기준으로, 이제는 을사늑약(乙巳勒約, 1905년 11월

17일) 120주년이 남아 있다.

왜 이 연표들이 먼저 떠올랐을까. 아마도 나라를 일제에 빼앗기고, 그 식민지 질곡에서 벗어나고, 또 두 나라가 손을 잡는 과정을 상징하는 결정적인 역사 이정표이기 때문이리라.

이 역사 연표의 행간에는 '조선'에서 '대한제국'으로 바뀌었던 우리의 국호가 다시 강제로 '조선'이 되고, 또다시 '대한민국'이 되어 오늘날까지 '대한민국'이란 이름으로 존속하고 있음을 담고 있다.

이것만 보더라도 우리의 궁금증을 자극하는 용어가 여럿 발견된다. 왜 국호를 '조선'이나 '대한'이라 했을까, '제국'과 '민국'은 또 무엇일까.

사람에 있어서도 이름은 매우 중요하다. 그 사람의 정체성을 규정하기 때문이다. 가령, 내 이름 '조성일'을 가지고 설명해 보자. 얼핏 보기에 이 이름에 특별한 의미가 있을까 싶을 테다. 정말 흔하디흔한 이름이 아닌가. 웬만한 곳에 다 있을 정도다. 언젠가 보니 장의사 집 간판에까지 진출해(?) 있었다.

하지만 내 이름에는 생각보다 많은 상징이 포함돼 있다. 우선 '성(誠)' 자를 보자. '성' 자는 우리 조씨의 시조 '지수(之壽)'로부터 26세 후손의 돌림자이다. 이 돌림자로 나의 본관이 '한양'이라는 것을 알 수 있다.

이번엔 '일' 자. 일 자의 한자는 '佾'이다. 춤출 일 자다. 낯설 것이다. 겉보기에 쉬워 보여도 지금까지 서너 명의 학자만이 이 한자를 정확하게 읽었을 정도로 어려운 글자다. '俏' 자로 착각했는지 대부분 '유' 자라고 알은체했다. 아, 특이한 기억도 있다. 고교 시절 명찰을 새겨주던 강릉의 한 모자점 주인아저씨는 알고 있었다. 춤출 일 자라는 말에 재봉틀이 잠깐 춤을 추더니 금세 '佾'을 떡하니 새겨놓는 게 아닌가. 아무튼 이 '일' 자는 《논어》의 '팔일무(八佾舞)'에 나오는 글자다. 팔일무는 천자(황제)의 제향 때 추는 춤을 의미하는데, 가로세로 여덟 줄씩 모두 64명이 추는 춤이다.

　왜 내 이름에 굳이 어려운 이 '佾' 자를 썼을까. 할아버지께서 내 이름을 지으면서 그 의미를 적어 놓으셨다는데, 찾지를 못해서 지금은 추측할 수밖에 없다. 할아버지께서는 내 형제들에게 모두 '사람 인(亻)' 변이 들어간 이름을 지어 주셨다. 그래서 내 이름을 지으실 때도 '인(亻)' 변이 포함된 글자를 찾으셨을 테고, 이왕 음력 8월인 내 생일까지 함께 상징하는 글자를 고르셨던 게 아닌가 싶다.

　TMI(Too Much Information, 너무 과한 정보)에 불과한 내 이름을 이렇게 장황하게 이야기하는 이유는 그만큼 이름이 중요하다는 것을 설명하기 위해서다. 다른 뜻은 없다. 하물며 나라 이름에서랴.

　국호는 무엇일까. 거창하게 말하면 그 나라의 정체성을 고스란히 담고 있는 나라 이름이다. 어느 나라나 이름을 갖고 있다. 우리의 최우방국이라는 '미국'은 'The United States of America', 가장 가까운 이웃은 '일본(日本)'과 '중국(中國)'이라는 이름으로 각각 불린다. 이 이름들은 나름 그 나라의 정체성을 담고 있다. 미국의 국호에는 주(州)가 모인 연방국, 일본은 해 뜨는 나라(섬나라), 중국은 세계의 가운데에 자리한 나라라는 의미가 각각 들어 있다.

　그러면 우리의 '대한민국'은 무슨 의미를 담고 있을까. 이제부터 그것을 추적해 보자. 우리 국호 '대한민국'에는 단지 '대한민국(大韓民國)'이라는 네 글자의 의미만 들어 있는 게 아니다. 우선 '한(韓)'의 의미에서부터 시작하여 왜 '대한'이고, 또 '민국'은 무엇인지 그 궁금증이 꼬리에 꼬리를 문다.

　그것뿐이 아니다. 우리 한반도의 나라는 애초 '조선'으로 시작하여 부여, 고구려·신라·백제, 고려, 조선, 대한제국 등 다양한 이름을 거쳐왔다. 왜 그랬을까.

　이 책은 지금 우리의 국호인 '대한민국'이 언제 어떻게 정해졌는지를 추적한다. 그러면서 이 대한민국의 근원이 되는 임시정부 → 대한제국 → 조선 → 고려 → 삼국시대 → 고조선으로 거슬러 올라간다. 특히 '한'이란 이름이 어디서 비롯되었고, 어떤 정체성을 담고 있는지 찾아보려 한다.

공자는 "위나라 군주가 선생님을 맞아들여 정치를 한다면 장차 무엇부터 시작하시겠습니까"라는 제자 자로(子路)의 물음에 "이름을 바로 한다[正名]"라고 했다. 이름을 바로 하지 않으면 말이 서지 않고, 말이 서지 않으면 모든 일이 이루어지지 않는다고 했다. 공자는 이런 말도 했다. 모난 술잔이 모나지 않으면 그게 모난 술잔이겠느냐.

이렇듯 이름에는 저마다의 정체성이 담겨 있다. 국호도 마찬가지다. 그런 점에서 우리의 국호 '대한민국'이 과연 우리의 정체성을 고스란히 담고 있는지도 추적해 보려고 한다. 아울러 휴전선 넘어 북녘땅에 있는 '조선민주주의인민공화국'의 이름은 도대체 무슨 의미인지도 간략하게나마 알아보려고 한다.

이 책의 시작은 몇 년 전으로 거슬러 올라간다. 벗이자 창해 출판사 전 대표 전형배와 신민식 가디언 대표, 오정윤 미래학교 소장이 함께 권율 장군에 관해 공부하던 스터디그룹이 씨앗을 뿌렸다. 그리고 책 쓰는 사람들이 모인 포럼 '종횡무진'이 물을 주어 싹을 틔웠다. 이들의 자극이 없었더라면 과연 책으로 묶을 수 있었을까. 모두에게 고마움을 전한다.

이제 이 책은 내 곁을 떠난다. 부족하고 엉성하다는 것을 누구보다 잘 안다. 그래서 독자 여러분의 따끔한 지적이 더 절실하다. 애정이 담긴 비판만이 열매를 더 알차게 영글게 해주지 않겠는가. 기다리겠다.

2025년 10월
조성일

차례

프롤로그　국호, '대한민국'이라는 이름의 여정　　　　　　　　4

제1부 '대한민국'의 탄생

1　'대한민국', 세계만방에 울리다　　　　14

2　'조선'과 '대한' 두 가지 만세　　　　22

3　국호도 없이 시작된 미군정의 통치　　　　30

4　수포로 돌아간 통일정부의 꿈　　　　42

5　남과 북, 다른 정부 다른 국호　　　　54

6　누가 먼저 국호를 차지했는가　　　　62

7　'우대한 좌조선'과 '고려'라는 또 다른 선택지　　　　68

8　제헌의회, 국호를 두고 벌어진 표결　　　　76

9　이승만, "국호는 다시 검토하자"　　　　84

10　'조선민주주의인민공화국'은 어떻게 북한의 국호가 되었나　　　　92

제2부
'대한'의 뿌리를 찾아서

① '조선'에서 '대한제국'으로　102
② 고종의 '칭제건원', 그 속뜻은?　108
③ 왜 국호를 '대한'으로 정했을까　118
④ 도대체 '한'은 어디서 온 것일까?　124
⑤ 삼한의 땅, 어디를 가리키는가　136
⑥ '조선' 대신 '한'을 선택한 숨은 의도　143
⑦ 국호 '조선'은 누가, 어떻게 지었을까　147
⑧ 고대 문헌 속 '한'의 기원　154
⑨ '한' 앞에 '대'를 붙인 이유　158
⑩ 일제가 국호를 다시 '조선'으로 부른 까닭　165
⑪ 국호 '조선'의 진짜 의미　174
⑫ '한'에 담긴 정체성　179
⑬ 부여·가야·삼국·고려의 이름 속에 담긴 세계관　183
⑭ '대한제국'에서 '대한민국'으로 이어지다　189
⑮ 영어 국호 'Korea', 그 유래와 굴곡　197
⑯ 통일 국호를 어떻게 할 것인가　202

에필로그　이토록 부르고 싶은 국호 대한민국　206
참고문헌　210

1

'대한민국'의 탄생

'대한민국',
세계만방에 울리다

1948년 8월 15일 오전 11시, 서울 중앙청 광장.

새벽부터 조선총독부였던 중앙청 광장으로 사람들이 구름처럼 모여들었다. 하늘은 쾌청했지만, 한여름이어서 제법 더웠다. 그런데도 군중들은 저마다 한껏 맵시를 뽐냈다. 오늘이 어떤 날인가. '대한민국 정부 수립 선포일'이 아닌가. 날이 날인 만큼 예의상 차려입을 수밖에 없었으리라.

군중들은 더위를 피할 수 없었던 듯 연신 부채질을 해대며 이제나저제나 행사가 시작되길 기다렸다. 지루함이 임계점에 다다를 즈음, 시곗바늘은 11시를 향해 카운트다운을 시작했다. 셋 둘 하나.

하지만 단상에서는 행사를 시작하겠다는 그 어떤 조짐도 보이질 않았다. 시간을 지키지 않은 것도 이상한데, 더 이상한 게 있었다. 단상 어디에도 새 정부를 이끌고 갈 이승만 대통령을 비롯한 정부를 대표하는 인사들이 보이지 않았다.

군중들이 저마다 서로 얼굴을 쳐다보며 웅성거리기 시작했다. 혹시 다 된 밥에 코 빠트리는 거 아닌지 걱정이 앞선 사람들의 모난 목소리가 삐죽삐죽 솟기 시작했다. 그런데도 단상에서는 여전히 행사를 시작하려는 그 어떤 움직임도 없었다. 다만 단상에 있던 인사들이 누군가를 기다리는 듯 목을 쭉 빼고 있었다.

11시가 훌쩍 넘은 시간, 고급 캐딜락 한 대가 군중들 사이를 헤치고 미끄러져 들어왔다. 군중들은 수군거림을 멈추고 모두 시선을 캐딜락으로 집중했다. 이승만(1875~1965년) 대통령과 미군 태평양사령부 더글러스 맥아더(Douglas MacArthur, 1880~1964년) 사령관이 캐딜락에서 내리는 게 아닌가. 이 대통령이 이날 행사를 축하하러 일본에서 들어오는 맥아더 사령관을 직접 마중하기 위해 여러 장관을 데리고 김포공항까지 나갔던 터였다.

11시 20분쯤, 이승만 대통령과 맥아더 사령관이 단상에 올랐다. 이어 이시영 부통령을 비롯한 이범석 국무총리, 신익희 국회의장, 김병로 대법원장, 루나(Rufino Luna) 유엔한국임시위원단 대표, 각국 민간 사절단들도 따라 들어와 자리했다.

중앙청 건물 위쪽에는 '대한민국 정부 수립 국민축하식(大韓民國政府樹立國民

1 | 1948년 8월 15일 중앙청에서 열린 대한민국 정부 수립 국민 축하식 모습.

祝賀式)'이라고 한자로 쓴 긴 현수막이 걸려 있었다. 그 아래에는 태극기와 유엔기가 나란히 자리 잡았고, 단상 난간에는 한자로 쓴 '축(祝)' 자 걸개가 도드라져 눈에 들어왔다.

대한민국 정부 수립 국민축하식 준비위원회 정일형 사무장의 사회로 행사가 마침내 시작됐다. '광복 3주년 축하식'을 겸한 이 행사는 고대하고 고대하던 '대한민국 정부 수립 국민축하식'이었다.

흰 두루마기 차림의 대한민국 정부 수립 국민축하식 준비위원회 오세창 회장이 단상에 올라 행사 시작을 알렸다.

"이제부터 개회합니다."

통위부(국방부 전신) 군악대가 애국가를 연주했다. 참석자들이 모두 애국가를 함께 부르는 동안 중앙청 국기 게양대에서 광복 후부터 미군정 3년 동안 걸려 있던 성조기가 내려왔다. 그리고 태극기가 게양되고 있었다. 여느 때보다 더 힘차게 펄럭이는 태극기를 보며 참석자들은 벅찬 감동을 느꼈다. 감격에 겨워 눈물을 훔치는 사람들도 있었다.

태극기 게양이 끝나고 심계원(감사원 전신) 원장 명제세가 마이크를 잡고 여든다섯 살의 오세창 회장의 개회사를 대신 읽었다.

"8·15는 해방의 날이며 정부 수립 선포의 날로 영원히 기념할 날입니다. 우리는 세계의 평화와 자유에 공헌할 것을 맹세하는 바입니다."

그러고 나서 이승만 대통령이 마이크 앞에 섰다. 모여든 구름 관중을 바라

보면서 이 대통령은 느릿하면서도 낮게 떨리는 특유의 목소리로 운을 뗐다.

"외국 내빈 제씨와 나의 사랑하는 동포 여러분!"

하늘빛 모시 두루마기를 입은 일흔네 살의 이승만 대통령의 목소리는 벅찬 감동이 짙게 배어 있었고, 어조는 분명했다.

2 | 1948년 8월 15일, 대한민국 정부 수립을 선포하는 이승만 대통령.

"8월 15일 오늘에 거행하는 이 식은 우리의 해방을 기념하는 동시에 우리 민국이 새로 탄생한 것을 겸하는 것입니다. 이날에 동양의 한 고대국인 **대한민국** 정부가 회복되어서 40여 년을 두고 바라며 꿈꾸며 투쟁하여 온 결실이 실현되는 것입니다."

이승만 대통령은 이날 개회사를 통해 대한민국이 나아가야 할 다섯 가지 조건을 제시했다.

첫째, 민주주의를 전적으로 믿어야 한다. 둘째, 민권과 개인 자유를 보호한다. 셋째, 자유의 뜻을 바로 알고 존숭히 하며 한도 내에서 행해야 한다. 넷째, 서로 이해하며 협의하는 것이 우리 정부의 관건이 되어야 한다. 다섯째, 정부에서 가장 전력하려는 바는 도시에서나 농촌에서나 근로하며 고생하는 동포들의 생활 정도를 개량하는 것이다.

이승만 대통령은 더운 날씨임에도 꼿꼿함을 잃지 않고 이런 내용을 30여 분 동안 읽어 내려갔다. 그리고 마지막으로 이제 다시 태어난 '대한민국'의 포부를 밝혔다.

"결론으로 오늘에 지나간 역사는 마치고 새 역사가 시작되어 세계 모든 정부 중에 우리 새 정부가 다시 나서게 되므로 우리는 남에게 배울 것도 많고 도움을 받을 것도 많습니다. 모든 자유 우방들에 후의와 도움이 아니면 우리의 문제는 해결키 어려울 것입니다. 이 우방들이 이미 표시한 바와 같이 앞에도 계속할 것을 우리는 길이 믿는 바이며, 동시에 가장 중대한 바는 일반 국민의 충성과 책임심과 굳센 결심입니다. 이것을 신뢰하는 우리로는 모든 어려운 일에 주저하지 않고 이 문제를 해결하며 장애를 극복하여 이 정부가 대한민국에 처음으로 서서 끝까지 변함이 없이 민주주의에 모범적 정부임을 세계에 표명되도록 매진할 것을 우리는 이에 선언합니다."

이승만 대통령의 개회사 맨 마지막 문장은 이렇게 장식됐다.

"대한민국 30년 8월 15일 대통령 이승만"

자, 이로써 우리 '대한민국'은 '다시' 태어났다. 국호 '대한민국'을 공식적으로 당당하게 부를 수 있게 되었다. 그런데 왜 대한민국 '1년'이 아니고 '30년'일까. 그 이유는 '다시'에 작은따옴표를 쳐 복선처럼 깔아놓은 것과 관련이 있거니와, 지금 감격스러운 대한민국 정부 수립 선포의 감격을 좀 더 즐긴 후 뒤에서 설명하겠다.

이승만 대통령이 대한민국 정부가 수립되었음을 '선포'한 후 연합합창단이 서정주 작사, 이흥렬 작곡의 '대한민국 정부 수립 기념가'를 힘차게 불렀다.

[1절]
삼천만 무궁화 새로이 피라
반만년 이어온 단군의 피로
겨레들 모두 다 손을 잡으라
민족과 인류의 영원을 위해
우리는 받들자 **대한민국**을
다같이 받들자 우리의 조국

[2절]
삼천만 태극기 높이 올려라
산에서 또 바다에서
겨레들 일어나 활개를 치라
자유와 독립된 국민으로서
우리는 지키자 **대한민국**을
다같이 지키자 우리의 조국

이제 축사 순서였다. 이승만 대통령은 옆자리에 앉은 맥아더 사령관 부부를 단상에 나오게 하더니 군중에게 소개했다. 우레와 같은 박수가 터졌다. 맥아더 사령관이 이에 응답하는 축사를 했다.

"나는 이 역사적 순간에 대한민국의 땅에 서서 자유가 다시 태어나고, 옳고 정의로운 대의가 실현되는 것을 보게 되어 크게 감동했습니다. 나는 지난 40년 동안 외세의 압박을 벗어던지기 위한 대한민국 애국자들의 노력을 존경하는 마음으로 지켜보았습니다. 대한민국 국민의 자유를 위해 운명과 타협하기를 거부한 그들의 불굴의 의지는 인간의 마음속에 한번 심어진 자유의 정신은 절대 죽지 않는다는 불변의 진리를 세계 앞에 보여주었습니다.(I am profoundly moved to stand on the soil of Korea in this historic hour, to see liberty reborn, the cause of right and justice prevail. For 40 years I have observed with admiration

3 | 대한민국 정부 수립 국민축하식에 참석한 맥아더 장군(오른쪽 첫 번째).

the efforts of your patriots to cast off the oppressive bonds of foreign power. Their unyielding firmness in refusing to compromise with destiny the freedom of the Korean people has exemplified before the world the immutable truism that the spirit of liberty once installed in the human heart never dies.)"

이어 미군의 존 리드 하지(John R. Hodge) 중장을 비롯하여 루나 유엔한국임시위원단 대표 등 몇 명의 축사가 더 이어졌고, 두 시간이 훌쩍 흐른 오후 1시 20분에 이르러서야 역사적인 대한민국 정부 수립 선포식은 끝났다.

행사가 끝나면서 미군정으로부터 정부를 이양받은 이승만 대통령은 서울시청 앞으로 자리를 옮겼다. 군 통수권자로서 국방경비대와 해안경비대를 사열하기 위해서였다. 사열식이 끝나고 이 대통령은 오후 3시부터 대통령 관저인 경무대에서 내외빈 600여 명을 초청한 가운데 '대한민국 정부 수립 축하 다과회'를 열었다.

경무대는 경복궁 후원에 있었는데, 대일항쟁기 때 일제가 총독 관저로 지은 건물이었다. 미군정 때는 군정사령관의 관사로 사용됐다. 이런 곳이 다시 태어난 대한민국 초대 대통령의 관저가 되었다.

식민 지배의 상징인 총독 관저가 광복한 대한민국의 초대 대통령의 관저가 되는 이 불편함은 나만의 상념일까. 일단 여기에 대해서는 더

4 | 미군정 사령관 하지 중장.

이상 비판하지 않겠다. 역사관을 벗어나 잃어버린 나라를 다시 세우는 날 아닌가. 이날만큼은 우리 스스로 맘껏 축하해야 하지 않겠는가. 아울러 이 책의 주제와도 조금은 거리가 있고.

한편 축하식 준비위원회는 국민 참여 행사로 '정부 수립 기념 표어'를 현상 모집하기도 했다. 이 행사에는 모두 4,353편이 응모됐는데, 준비위원회는 1등 당선자 없이 2, 3등만 선정했다고 한다. "오늘은 정부 수립 내일은 남북 통일"(2등), "새 나라 새 살림 너도나도 새 일꾼", "받들자 우리 정부 빛내자 우리 역사"(이상 3등). 우리 국민이 나라를 다시 세우려고 얼마나 애면글면했는지, 또 반쪽짜리 정부 수립의 아쉬움이 고스란히 표어의 행간에 꾹꾹 담겨 있었다.

지금까지 나의 서툰 묘사였지만, 머릿속에 대한민국 정부 수립을 선포하던 그 순간이 그려지지 않는가. 역사책에서 봤던 이름이 여럿 나와서 심리적 거리감도 크지 않다. 그렇다. 이게 우리 대한민국 현대사가 제대로 시작한 역사의 한 장면이다.

이 역사는 지금 돌아봐도 등골이 오싹하고 머리카락이 쭈뼛 설 만큼 우리를 몸서리치게 한다. 감격. 이보다 더 어울리는 표현은 없을 듯하다. 이 소름 끼치는 역사적 장면을 오래오래 가슴에 담아두자.

'조선'과 '대한' 두 가지 만세

1945년 8월 15일 정오.

"짐은 제국 정부에게 미국·영국·중국·소련 4국에 대하여 그 공동선언을 수락하는 뜻을 통고하도록 하였다."

라디오에서 중대 방송이 흘러나오고 있었다. 이날 아침 서울 곳곳에 "오늘 정오 중대 방송, 일억 국민 반드시 청취할 것"이라고 적힌 벽보가 나붙었다. 그런데도 우리 국민은 특별히 관심을 두지 않았다. '중대'라는 말이 호기심을 잡아끌기는 했어도 라디오가 없었기 때문이다.

이날 중대 방송은 대한민국인 청취자 없이 라디오 혼자 허공에 대고 떠드는 모양새였다. 물론 일본 본토는 물론이거니와, 우리 땅에 사는 일본인들은 달랐다. 깨끗한 옷을 입고 최고의 예의를 갖춰 라디오 앞에 무릎을 꿇고 앉았다. 귀를 쫑긋 세우고 라디오에서 흘러나오는 소리에 집중했다.

5 | 옥음(玉音)방송으로 알려진 '종전에 관한 조서'를 발표하는 히로히토 일왕.
6 | 옥음방송을 듣고 오열하는 일본인들.

일왕 히로히토(裕仁, 1901~1989년)는 떨리는 목소리로 4분 37초 동안 '대동아전쟁 종결의 조서'를 읽어 내려갔다. 글자 수가 공교롭게도 8월 15일을 떠올리게 하는 815자였단다. 그런데 그 내용을 라디오가 없어서 듣지 못했다며 허투루 넘길 게 아니었다. 일제가 "공동선언을 수락한다"고 하잖는가.

"공동선언을 수락한다"는 말의 행간에는 우리가 상상하는 것 이상의 무엇이 담겨 있었다. 일왕이 바로 연합국에 '항복'한다고 표현한 것이다. '항복'이라고 직접 해도 될 것을 털끝만큼도 안 되는 자존심을 세워 에두르긴 했어도 그건 '항복 선언'이 분명했다.

일왕이 말한 '공동선언'은 '포츠담선언(Potsdam Declaration)'이다. 포츠담선언은 1945년 7월 26일 미국과 영국, 중화민국 세 나라가 공동으로 일제에 대해 '무조건 항복'을 권고한 선언이다. 항복 방송에서 일왕이 소련을 포함하여 '4국'이라고 한 것은 소련이 이 선언문에 서명하지 않은 사실을 몰랐거나 무시했거나 한 것 같다.

아무튼 포츠담선언은 '일본군의 무조건적인 항복'을 요구하는 것이었다. 아울러 일본이 선택할 대안은 일본의 즉각적인 '파멸' 말고는 없다고 잘라 말했

7 | 미국이 일본 히로시마와 나가사키에 원자폭탄을 투하하는 모습.

다. 말 그대로 최후통첩이었다.

하지만 일왕은 어떤 선택을 하였는가. '묵살'이었다. 이 묵살의 결과는 어떠했는가? 그렇다. 일본은 인류가 지금까지 한 번도 경험하지 못했던 끔찍한 참화를 겪는다. 미국이 8월 6일 히로시마에 '리틀 보이(Little Boy)', 8월 9일 나가사키에 '팻맨(Fat Man)'이라고 이름을 붙인 원자폭탄을 각각 투하하지 않았는가. 뒤에서 자세하게 알아보겠지만, 8월 8일에는 소련도 대일본 선전포고를 한다.

이렇게 안팎으로 조여오는 상황에서 일왕은 이 선언을 받아들이는 것 말고 다른 선택지가 있었을까. 결국 일왕은 군부의 강력한 반대를 무릅쓰고 8월 10일 이 선언을 받아들이기로 한다. 이 선언을 받아들인다는 것은 '항복'하겠다는 뜻이다.

혹시 '포츠담선언'과 '포츠담회담'을 같은 것으로 잘못 알고 있을지 모르겠는데, 이 둘은 엄연히 다르다. 독일 포츠담에서 7월 12일부터 미국 트루먼(Harry S.

8 | 1945년 9월 2일 미주리호 갑판에서 '무조건 항복' 문서에 일본 외상이 서명하는 모습.

Truman, 1884~1972년) 대통령과 영국 윈스턴 처칠(Winston Churchill, 1874~1965년) 수상, 소련 스탈린(Виссарио́нович Ста́лин, Joseph Stalin, 1878~1953년) 서기장이 만나 제2차 세계대전 후의 유럽 질서에 대해 논의하고 있었다. 8월 2일까지 열린 이 회담이 이른바 '포츠담회담'이다.

반면 포츠담선언은 회담이 열리던 중인 7월 26일 미국 트루먼과 영국 처칠, 중화민국 장제스(蔣介石, 1887~1975년) 셋이 함께 발표한 것으로, 일본의 무조건적 항복을 요구한 선언을 말한다.

이 선언에는 회담에 참여하고 있던 소련의 스탈린이 빠졌고, 회담에 참여하지 않은 중화민국 장제스가 함께했다. 스탈린은 이 선언문에 서명하지 않았고, 장제스는 전신(電信)을 통해 동의했기 때문이다.

우리가 여기서 주목해야 할 것은 소련은 왜 이 선언문에 서명하지 않았을까 하는 점이다. 소련은 1941년 일본과 '중립조약'을 체결했다. 일제가 미국 하와 이를 공격할 때 소련은 중립을 지켜야 한다는 게 이 조약의 골자였다. 이에 따라 소련은 태평양전쟁에서 어느 한쪽을 편들지 말고 중립을 지켜야 한다는 게 표면적 이유였다.

그런데 소련은 포츠담회담이 끝난 직후인 8월 8일 이 조약을 파기하고 일본에 선전포고한다. 느닷없이 왜 그랬을까?

미국이 일본과의 전쟁에 소련이 나서 달라고 요청했던 것이다. 그럼 미국의 참전 요구가 단순히 전쟁을 끝내기 위한 막바지 총공세에 소련의 힘을 보태달라는 것이었을까. 국제정치는 그렇지 않다. 주고받은 뭔가가 있기 마련이다. 소련의 속내는 미국과의 타협을 통해, 예기치 않은 러일전쟁의 패배로 잃었던 남사할린을 돌려받는 한편, 전략적 요충지인 쿠릴 열도까지 합병하는 전리품을 챙기려는 데에 있었다.

이렇게 하여 소련이 일본과 전쟁한다는 명분으로 우리나라와 만주에 들어왔다. 우리 땅에 발을 들여놓은 소련군이 점차 슬금슬금 아래로 내려오기 시작하더니 어느덧 평양에 와 있었다. 이에 화들짝 놀란 미국은 이러다 한반도가 공산화되는 게 아닌가 하는 강한 의구심이 들었다. 이에 미군 데이비드 딘 러스크(David Dean Rusk) 전략정책단 정책과장이 벽에 걸린 한반도 지도를 보다 무릎을 친다. 한반도를 북위 '38도' 위선으로 이등분하면 되겠다고 생각한 것이다. 러스크는 이 아이디어를 곧바로 트루먼 대통령에게 보고함과 동시에 소련에도 통고해 스탈린의 동의를 얻어낸다.

일본군 무장해제를 명분으로 '삼팔선'이 이렇게 그어졌다. 남쪽은 미군이, 북쪽은 소련군이 점령했다. 이렇게 포츠담선언은 우리 현대사의 비극인 '분단'의 직접적인 원인으로 작용했다.

이런 역사를 통해 우리는 일제 식민지에서 '해방'됐다. '광복'이다. 그런데 우리는 8월 15일을 두고 '해방'과 '광복'이라는 낱말을 편한 대로 섞어서 쓴다. 가끔 어느 것을 사용해야 하는가 싶을 때가 있다. 두 낱말의 뜻을 사전에서 찾아보면 비슷하다. 해방(解放)은 "속박하거나 가두어 두었던 것을 풀어서 자유롭게 함"이고, 광복(光復)은 "빼앗긴 땅과 주권을 도로 찾음"이다. 다만 누군가에게서 벗어났다는 '해방'보다는 우리 것을 되찾았다는 '광복'이 조금 더 나은 것처럼 보인다. 그래서인지 우리 정부는 1949년 5월 국무회의에서 8월 15일을 '독립기념일'로 의결했고, 국회의 의결 과정을 거쳐 같은 해 10월 제정된 '국경일에 관한 법률'에 의해 '광복절'로 정하고 오늘에 이르렀다.

이쯤 하고, 다시 본론으로 돌아가 보자. 실제로 해방됐지만, 우리 국민은 그날 무슨 영문인지를 제대로 몰라 얼떨떨하게 보냈다. 그러다 하루가 지난 8월 16일에 그 의미를 깊이 깨달았다.

수천 명의 사람이 서울 계동의 여운형(呂運亨, 1886~1947년) 집으로 모여들었

9 | 해방을 맞아 환호하는 국민의 모습.

10 | 1945년 8월 16일 휘문중학교에서 사자후를 토하는 여운형.

다. 그에게서 무슨 이야기라도 듣고 싶어서였다. 여운형은 건국준비위원회를 미리 발족시키며 일제 항복에 발 빠르게 대응하던 해방 정국의 정치지도자였다. 인기도 좋았다. 여운형은 청중을 이끌고 집 뒤의 휘문중학교로 갔다. 거기서 여운형은 20여 분 동안 사자후를 토해냈다.

"우리 민족 해방의 제일보를 내딛게 되었으니, 우리가 지난날의 아프고 쓰라리던 것은 이 자리에서 다 잊어버리고 이 땅에다 합리적이고 이상적인 낙원을 건설하여야 한다."

군중 사이에서 누군가 '조선 독립 만세'를 외쳤다. 이 선창에 따라 여기저기서 '조선 독립 만세'를 목청껏 외쳤다. 또 '대한 독립 만세' 소리가 선창으로 나왔다. 역시 청중들은 두 팔을 번쩍 위로 쳐들며 '대한 독립 만세'를 따라 외쳤다.

이렇게 만세 소리에는 '조선 독립 만세'와 '대한 독립 만세'가 섞여 있었다. 때로는 한목소리로, 때로는 뒤섞인 채로 해방의 기쁨을 고스란히 담아냈다.

그런데 3·1운동 때도 그랬고, 광복의 순간에도 우리는 만세를 부를 때 '조선'과 '대한'을 함께 사용하고 있었다. 왜 그랬을까.

여기에는 우리 민족의 비극이 고스란히 담겨 있다. 우리는 흔히 일제에 강제 병합된 나라가 '조선'이라고 생각한다. 따라서 광복 후 되찾은 나라도 '조선'이라고 생각해 당연히 '조선 독립 만세'라고 외쳤던 것이다.

이는 식민지 시절 우리 국호가 '조선'이었다는 사실을 정확히 알고 있어서 그랬을 수도 있다. 일제가 공식적으로 우리나라를 강제로 점령한 날인 1910년 8월 29일, 조선총독부는 일왕이 재가한 '칙령 318호'를 공포한다. 이 칙령이 바로 '한국 국호 폐지에 대한 칙령'이다.

이 칙령은 우리 대한제국의 국호를 '조선'으로 한다고 했다. 일제가 국호를 도로 조선으로 한 것은 우리를 청나라 속국이었던 조선으로 격하시키려는 의미가 있었다.

한일병합조약 체결 과정에서 우리와 일제 사이에 있었던 국호 등에 관한 논의에 대해서는 뒤에서 다시 자세하게 살펴보겠다.

그럼 '대한 독립 만세'에서 '대한'은 어디에서 나온 것일까. 먼저, 일제와 병합한 나라가 '조선'이 아니라 '대한제국'이었다는 사실을 기억할 필요가 있다. 고종이 1897년 조선을 '칭제건원' 하면서 국호를 '대한제국'으로 바꾸지 않았던가.

게다가 3·1운동으로 탄생한 임시정부의 영향도 있었을 것이다. 알다시피, 임시정부의 이름이 무엇인지 생각해 보라. '대한민국임시정부'였다.

이런저런 사정이 있어서 국민은 국호를 '조선'과 '대한'으로 기억했을 테고, 그러다 해방 정국에서 만세를 부를 때 '대한'과 '조선'을 섞어 썼던 것이다. 3·1운동이 일어났을 때도 비슷했다. '조선'과 '대한'을 함께 사용했다. 물론 사람들이 만세를 부를 때 '조선'으로 할까, '대한'으로 할까, 크게 고민하지는 않았을 것이다. '조선'이 '대한'이고, '대한'이 '조선'이었으니까.

해방공간에서 '조선 독립 만세'면 어떻고, '대한 독립 만세'면 어떤가. 오로지 일제의 식민 지배에서 벗어났다는 그 기쁨을 '대한'과 '조선'이라는 국호에 담아 맘껏 표출하면 되는 것 아닌가. 대한 독립 만세! 조선 독립 만세!

국호도 없이 시작된
미군정의 통치

광복의 기쁨도 잠시, 우리는 이제 현실적인 문제와 마주해야 했다. 잃어버린 나라를 되찾았지만 무얼 어떻게 해야 할지 솔직히 막막했다. 조선총독부가 행사하던 우리나라의 통치권을 누군가가 넘겨받아야 하지 않겠는가.

이 해방공간에서 가장 발 빠르게 움직인 사람은 여운형이었다. 1944년 8월 10일, 여운형을 비롯한 조동호, 김창숙 등이 모여 비밀결사 단체를 조직한다. 일제가 곧 패망하리라 예상하고 광복을 맞이할 준비를 하기 위해서였다. 이게 결성 당시에는 조직 이름이 없다가 나중에 지은 것이 바로 '건국동맹'이다.

건국동맹은 비밀결사체답게 '삼불(三不) 원칙'을 고수했다. '말하지 않는다[不言, 불언]', '문서로 남기지 않는다[不文, 불문]', '이름을 밝히지 않는다[不名, 불명]'. 혹시 한 명이라도 붙잡혔다가 자칫 조직의 비밀을 밝히게 되면 조직 전체가 발각될 수도 있다는 우려 때문이었다. 조직 전체가 드러난다는 것은 '할 일'을 못 하게 됨을 의미하지 않겠는가.

하지만 비밀을 중시하며 활동하던 건국동맹의 정체가 결국 한 사건 때문에 드러나고 말았다. 1945년 7월 24일에 일어난 '부민관 폭탄 의거' 때문이었다.

부민관 폭탄 의거는 대일항쟁기의 마지막 의거로 꼽힌다. 이날 부민관(현 서울특별시 의회)에서 '아시아 민족 분격 대회'가 열렸다. 이 행사는 친일파 거두이자 야쿠자 출신 박춘금(朴春琴, 1891~1973년)이 설립하고 당수로 있는 대의당(大義黨)에서 개최했다. 행사의 목적은 곧 일제가 패망한다는 사실을 숨기는 한편 일제에 충성을 맹세하고 나아가 태평양전쟁에서 아시아 민족의 전쟁 수행 역할을 강조하기 위해서였다. 이를테면 국민을 선동하려는 목적이었다.

그런데 이런 상황을 눈치채고 이들을 쳐부숴야 한다는 애국심에서 대한애국청년당의 유만수·강윤국·조문기 등이 사제 폭탄을 들고 행사장에 잠입하여 터뜨린다. 이 사건으로 한 명이 폭사하고 수십 명이 다쳤으며, 행사는 무산됐다.

이 사건의 불똥은 대한애국청년당이나 건국동맹과 같은 비밀결사체로 튀었다. 박춘금이 거액의 현상금을 걸고 의거 주동자들을 검거하려 했으나 실패했다. 다만 건국동맹의 조동호가 검거되어 시련을 겪었다.

그런데 조선총독부 정무총감 엔도 류사쿠(遠藤柳作, 1886~1963년)가 항복 방송이 있기 직전인 8월 15일 아침에 여운형에게 연락했다. 항복이 현실화되자 한반도에 사는 일본인의 안전이 걱정됐던 것이다. 이에 대해 여운형은 엔도에게 다섯 가지 요구조건을 내세운다.

첫째, 전 조선의 정치범·경제범을 즉시 석방할 것.
둘째, 집단생활지인 경성(서울)의 식량 3개월 치를 확보할 것.
셋째, 치안 유지와 건설 사업에 어떠한 구속이나 간섭을 하지 말 것.
넷째, 조선에 있어서 추진력이 되는 학생의 훈련과 조직에 간섭하지 말 것.
다섯째, 전 조선에 있는 각 사업장의 노동자들을 우리 건설 사업에 협력시키며, 아무런 괴로움을 주지 말 것.

11 | 조선건국준비위원회가 된 건국동맹 본부 사무실.

엔도와의 만남에서 행정권과 치안유지권을 인수한 여운형은 충칭(重慶) 정부(대한민국임시정부)가 나서야 한다는 임정봉대론(臨政奉戴論)을 주장하는 송진우 등에게 함께하자고 제안한다. 하지만 거절당했다. 이처럼 여운형이 조선총독부와 합의한 것에 대해 찬성과 반대가 공존했다.

이런 가운데 여운형은 해방정국을 안정시키고 나아가 자신이 주도권을 잡아야 한다는 생각에서 발 빠르게 움직였다. 여운형은 우선 건국동맹을 조선건국준비위원회(이하 '건준')로 확대 개편하고 공개적인 활동에 들어갔다. 짧은 시간에 건준은 전국적인 조직이 되었다.

그런데 여전히 실질적 통치권을 갖고 있던 조선총독부가 건준에게 행정권 등을 제대로 이양하지 않고 뭉그적거렸다. 일제 본국에서 행정권을 미국에 이양하라는 지시가 떨어졌기 때문이었다. 아울러 9월 초 미군이 들어온다는 소문까지 도는 상황이었다.

이에 다급해진 건준은 박헌영의 '조선공산당' 주도로 서둘러 9월 6일 전국인민대표자 회의를 열어 '조선인민공화국'(이하 '인공')으로 이름을 바꾼다. 그리고 인공은 9월 7일 이승만을 주석, 여운형을 부주석으로 선출한다.

그런데 10월 16일에야 김포공항에 도착했던 이승만은 자기 의사와 무관하게 인공 주석으로 추대됐던 터라 취임을 거절했다. 대신 모든 정치세력이 단결하자며 '독립촉성중앙협의회'(이하 '독촉중앙회')라는 통합기구를 만든다. 이후 독촉중앙회는 해방공간에서 좌우 통합을 위한 기능보다는 이승만의 정치적 배경으로 작용한다. 물론 박헌영의 조선공산당 재건파와의 견해차가 배경에 깔려 있긴 하다.

아무튼 우파 진영의 불참으로 반쪽짜리였다 해도, 인공은 해방 정국에서 정부의 형태를 띠려고 했던 조직이었다. 하지만 미군은 포고령을 통해 인공을 승인하지 않았다. 게다가 소문대로 일이 진행되기 시작했다. 미국과 소련이 우리의 의사와는 무관하게 한반도의 허리인 북위 38도를 기점으로 '삼팔선'을 긋더니 서로 남과 북에 들어왔던 것이다.

미군은 9월 9일 한반도에 들어왔다. 미군은 곧바로 '재조선미국육군사령부 군정청[United States Army Military Government in Korea(USAMGIK), 미군정청]' 이라는 이름의 기구를 만들어 대일항쟁기에 우리나라를 통치했던 조선총독부 의 기능을 넘겨받아 틀어쥐었다.

12 ǀ 1945년 9월 미 육군 24군단 선발대가 서울에 입성하고 있다.
13 ǀ 1945년 8월 26일 평양에서 열린 소련군 환영 대회.

이날 조선총독부로부터 행정권을 이양받은 미군정청은 중앙청에 게양된 일장기를 내리고 대신 성조기를 걸었다. 미군정의 통치는 '주권 정부 없는 점령' 형태였다. 미군정이 점령지의 주권을 대신한다는 의미다. 즉 우리의 주권 국가 기능을 미군정이 대신한다는 것이다.

10월 말에 이르러 삼팔선 이남을 완전히 장악한 미군정청이 우리나라를 통치하게 되는데, 이를 우리 현대사에서는 '미군정기'라고 부른다.

자, 여기서 해방의 역사를 더듬는 건 이쯤하고, '미군정청'이라는 통치 기구의 이름을 자세히 들여다볼 필요가 있다. 이 책의 중심 소재가 우리의 '국호'가 아닌가. 그럼 미군정청이란 이름에서 우리의 국호가 어떻게 반영돼 있는지 살펴보는 것이 당연하다.

14 | 1945년 9월 9일 중앙청에 일장기가 내려지고 성조기가 게양되는 장면.

미군정청의 한글 이름은 '재조선미국육군사령부군정청'이다. 여기에 '조선'이라는 글자가 들어가 있다. 그래서 사람들은 이 '조선'을 당연히 우리의 국호로 여긴다. 과연 그럴까.

대일항쟁기 우리나라를 통치하던 기구인 '조선총독부'를 보라. 이 기구 이름에서 '조선'이 과연 어떤 의미로 쓰였을까. 우리의 국호였을까 아니면 일본의

한 지역 호칭이었을까.

　이 문제는 나중에 자세히 살펴볼 작정이다. 다만 여기선 문맥을 이어갈 정도의 개략적인 설명으로 대신하겠다. 많은 사람이 두 가지 의미가 다 들어 있다고 중의적으로 해석할 것이다. 하지만 이 당시의 사료를 살펴보면 '조선'은 국호라기보다 일본령의 한 지역이라는 의미가 강했다. 일본 본토와 구별되는, 조선총독부에 의해 독립적으로 통치하는 지방. 그래서 조선총독부는 조선 지방을 다스리는 총독부라는 데 더 무게 추가 있다고 생각한다.

　더욱이 일제는 자신들의 헌법에 따라 조선을 통치한다는 원칙을 세웠으므로, 한 나라 아래 두 개 정부가 존재할 수 없는 것 아닌가. 따라서 이는 조선이 따로 존재하는 정부라기보다는 식민지, 즉 지역이라는 의미가 더 강하다.

　행정안전부 국가기록원 사이트에 보면 가톨릭관동대 법학과 박기병 교수가 쓴 '조선총독부 법령'에 대한 해설이 있다. 이 해설을 참조해 보자.

"일본은 합병일인 1910년 8월 29일 칙령 제324호로 '조선에 시행해야 할 법령에 관한 건'을 공포하여 '칙령(勅令)'으로 일본법률의 전부 또는 일부를 조선에 시행할 수 있도록 하고, 조선에 있어서 법률로 정하여야 할 입법사항은 조선 총독의 명령인 '제령(制令)'으로 정하도록 하였다. 이 칙령이 조선 지배의 법제적 기초가 되었다."

　이 인용문에서 작은따옴표를 친 '칙령'과 '제령'의 의미를 보면, 조선총독부라는 명칭에서 '조선'의 의미가 명확해진다.

　우선 칙령은 '황제가 직접 내리는 구두 명령'이다. 말로 내리는 명령인데, 이는 국회에서 제정하고 의결하는 법은 아니다. 행정적 권한으로 따르도록 강요하는 것이다. 제령은 조선 총독이 내리는 명령이다. 대일항쟁기 때 조선은 일제의 본토, 즉 내지(內地)와 구분하는 외지(外地)였다. 바깥 지역이라는 의미이다. 따라서 일제의 법률 대부분은 조선에 적용되지 않고 따로 제령을 통해 시행했다.

요즘 우리의 지방자치를 생각해 보면 이해가 쉽다. 국회의원은 법률, 지방의회 의원은 조례를 제정하지 않는가. 법체계상 헌법 아래 법률이 있고, 법률 아래 조례가 있다. 법률은 온 나라에 걸쳐 효력이 있는 것에 비해 조례는 조례를 제정한 그 지역에만 효력이 미친다. 조선총독부령도 요즘의 지방 단위, 즉 조선에만 효력이 미치는 것이다. 결국 조선총독부의 '조선'은 서울이나 강원도처럼 지방의 의미였다고 볼 수 있다.

이런 점에 비추어 '재조선미국육군사령부군정청'의 '조선' 역시 비슷한 의미로 해석하는 게 무리가 아닐 듯싶다. '조선'이라는 지역에 설치한 미 육군 사령부의 군사 정부라는 의미로 말이다.

미군정청의 영어 이름을 보면 이런 의미를 더 명확하게 알 수 있다. United States Army Military Government in Korea(USAMGIK). 사실 이 호칭에서 중요한 것은 'United States Army Military Government'에 방점이 찍혀 있다는 점이다. 즉 미군이 통치하는 정부라는 것이다.

다시 말해, 아메리카 대륙 주들의 연합체인 'USA(United States of America)'가 아니라 USA에 소속된 미군이 통치한다는 의미다.

게다가 미군이 통치하는 곳이 바로 '조선'으로 번역한 영어 표기 'Korea'이다. 물론 아무런 비판 의식 없이 보면, 'Korea'는 고려 때부터 외국에서 사용하는 우리의 영문 국호다. 그러니 달리 해석할 이유도 없다.

그러나 이때 미군정은 한반도에 국가가 있었다고 생각했을까. 아닐 가능성이 크다. 그동안 일제에 강점당했다가 일제의 항복으로 회복한 '땅' 정도로 여졌을 가능성이 크다.

　게다가 우리 땅에 들어온 미군의 성격을 보면 '조선'이 국호가 아니라는 심증을 갖게 된다. '지역'의 이름으로 여겼다는 점이 분명하다는 것이다.

　이런 심증은 '해방군'인 줄 알았던 미군이 이 땅에 발을 디디면서 자신들이 '점령군'임을 분명히 한 데서도 짐작할 수 있다. 태평양 미 육군 총사령부의 포고문 제1호 3조를 보라. 포고문은 맥아더 사령관 명령에 복종하라며 '점령부대(the occupying forces)'라는 표현을 썼다. 3조를 원문으로 인용한다.

"All persons will obey promptly all my orders and orders issued under my authority. Acts of resistance to **the occupying forces** or any acts which may disturb public peace and safety will be punished severely(모든 사람은 급속히 나의 모든 명령과 나의 권한하에 발한 명령에 복종하여야 한다. **점령부대**에 대한 모든 반항 행위 혹은 공공의 안녕을 방해하는 모든 행위에 대하여는 엄중한 처벌이 있을 것이다)."

　이런 포고문 아래 미국은 미군 제24군단장 존 리드 하지 중장을 군정사령관으로 임명한다. '조선'의 최고 통치자라는 의미다. 일제의 조선 총독과 같은 개념으로 보면 된다.

　그런데 하지 장군은 맥아더 휘하에 있는 지휘관 중 한 명에 불과한 존재 아닌가. 그런 점에서 미군정청의 이름에서 'Korea'가 과연 국호의 의미로 쓰였겠는가.

　사실 군정장관들을 임명하여 내각까지 꾸민 하지 군정사령관은 수준 이하의 아마추어 통치로 혼란을 부추겼다. 특히 건준을 해산시키면서까지 독단적인 통치를 하려 했지만, 생각대로 되질 않았다. 사실 미군정청이 우리 국민에게 남긴 인상은 '막강한 영향력'뿐이었다고 해도 틀린 말이 아닐 정도였다.

점령군 미군정청의 막강한 영향력을 알게 해주는 일화 한 토막을 보고 가자. 여운형이 1947년 7월 19일 《한국의 소리(The Voice of Korea)》라는 월간 영자지를 발행하던 재미 독립운동가 김용중(金龍中, 1898~1975년)에게 보낸 편지에 나오는 이야기다.

15 | 맥아더의 포고문 1호. 영어, 한국어, 일본어 세 가지로 발표.

1945년 10월 중순 여운형은 미군정 사령관 하지 중장을 찾아갔다. 이 만남에서 하지 중장은 여운형에게 대뜸 "왜놈(Jap)과는 무슨 관계가 있느냐"고 물었다. 여운형은 아무것도 없다고 대답했다. 그러자 "왜놈으로부터 얼마나 돈을 받았지"라고 묻더란다. 여운형은 그의 질문과 불친절한 태도에 기가 막혔다고 썼다.

이 이야기로 보더라도 미군정은 우리를 자기들과는 다른 저 아래 미개한 국민이라는 선입관을 가지고 점령군 행세를 한 것이다.

좌우지간 미군이 '점령군'이란 표현을 쓴 것은 국가보다는 지역을 점령했다는 의미로 봐야 한다. 미군정청 이름에 들어 있는 'Korea'는 해방될 당시의 우리나라를 의미하는 것 아닌가. 그렇다면 '삼천리금수강산', 즉 남쪽 끝 마라도에서 북쪽 끝 압록강까지, 동쪽 끝 독도에서 서쪽 끝 격렬비열도까지의 한반도 전체를 아우르는 표현이다. 나중에 삼팔선 이남에서만 미군정을 실시했지만, 이때는 삼팔선 이남만이 아니라 이북까지도 포함한다. 삼팔선 이남과 이북만의 정부(나라)가 따로 없었다. 애초 우리가 일제가 강제 병합될 때인 '대한제국'이 있었을 뿐이다.

이런 점에 비추어 볼 때, 미군정의 영어 표현 'Korea'나 한글 번역 '조선'은 국호라기보다는 지역 이름에 더 가깝다고 보는 게 합리적 추론이다.

백번 양보해서 미군정이 'Korea'를 국호로 썼다고 해보자. 그래도 궁금증은 남는다. 일제가 우리나라를 강점하고 국호를 '조선'으로 했던 점을 떠올려 보자. 조선총독부 영문 표기가 'Government-General of Chōsen'이었다. 'Chōsen'은 '조선(朝鮮)'의 일본어 발음이다. 그렇다면 조선은 국호든 지역 이름이든 우리의 국가를 상징하는 용어이다.

이런 점에서 해방 후 미군정이 자신들이 통치할 기구의 이름을 지을 때 우리의 국가를 인정한다면 'Korea' 대신 조선이라는 고유명사의 영어 표현 'Chosun'을 써야 당연한 것 아닌가.

사실 이 당시 외국에서 'Korea'를 우리 한반도에 있는 나라의 이름으로 사용한 것은 맞다. 하지만 이는 그들이 조선이라는 나라에 대해 잘 알지 못한 상황에서 고려 때부터 써오던 관행으로 사용했다고 볼 수 있다.

하지만 미군은 다르다. 이 모든 것을 자신들이 결정하고 관리하지 않았는가. 일제가 우리나라를 '조선'이라고 부르는 것도 잘 알고 있었을 테다. 그런데도 우리의 정체성이 고스란히 들어있는 'Chosun' 대신 굳이 'Korea'를 썼다는 것은 특별한 의미 부여를 하지 않았기 때문이다.

그래서 이들은 'Korea'를 국호라기보다는 지역 이름에 더 가깝다는 인식에서 아무 생각 없이 사용했을 가능성이 크다. 그리고 우리는 그 'Korea'를 '조선'으로 해석했을 테다. 여기에는 국호에 대한 고민은 눈곱만큼도 들어가 있지 않다.

우리의 영문 국호 'Korea'에는 과연 우리의 정체성이 고스란히 들어있는가 하는 점에서도 그렇다. 'Korea'는 우리 고유의 국호와는 약간 거리가 있다. 이 역시 나중에 자세히 알아보겠지만, '고려'에서 비롯된 것이 아닌가.

● 육군 총사령관 더글러스 맥아더 포고문 제1호

조선 주민에게 고함.

태평양 방면 미국 육군부대 총사령관으로서 나는 이에 다음과 같이 포고함.

일본국 정부의 연합국에 대한 무조건 항복은 우 제국(諸國) 군대 간에 오랫동안 속행되어 온 무력 투쟁을 끝냈다.

일본 천황과 일본국 정부의 명령과 이를 돕기 위해 그리고 일본 대본영의 명령과 이를 돕기 위해 조인된 항복 문서 내용에 따라 나의 지휘하에 있는 승리에 빛나는 군대는 금일 북위 38도 이남의 조선 영토를 점령한다.

조선 인민의 오랫동안의 노예 상태와 적당한 시기에 조선을 해방 독립시키리라는 연합국의 결심을 명심하고, 조선 인민은 점령 목적이 항복 문서를 이행하고 자기들의 인권 및 종교의 권리를 보호함에 있다는 것을 보장받는다. 이러한 목적들을 실시함과 동시에 조선 인민의 적극적인 지원과 법령 준수가 필요하다.

태평양 방면 미국 육군 부대 총사령관인 나에게 부여된 권한으로 나는 이에 북위 38도 이남의 조선과 그곳의 조선 주민에 대하여 군사적 관리를 하고자 다음과 같은 점령 조항을 발표한다.

제1조 북위 38도 이남의 조선 영토와 조선 인민에 대한 정부의 모든 권한은 당분간 나의 관할을 받는다.

제2조 정부의 전 공공 및 명예 직원과 사용인 및 공공복지와 공공위생을 포함한 전 공공사업 기관의 유급 혹은 무급 직원 및 사용인과 중요한 사업에 종사하는 기타의 모든 사람은 추후 명령이 있을 때까지 종래의 기능 및 의무 수행을 계속하고, 모든 기록과 재산을 보존 보호해야 한다.

제3조 모든 사람은 급속히 나의 모든 명령과 나의 권한하에 발한 명령에 복종하여야 한다. 점령부대에 대한 모든 반항 행위 혹은 공공의 안녕을 방해하는 모든 행위에 대하여는 엄중한 처벌이 있을 것이다.

제4조 제군의 재산권을 존중하겠다. 제군은 내가 명령할 때까지 제군의 정상적인 직업에 종사하라.

제5조 군사적 관리를 하는 동안에는 모든 목적을 위하여서 영어가 공식 언어이다. 영어 원문과 조선어 혹은 일본어 원문 간에 해석 혹은 정의에 관하여 어떤 애매한 점이 있거나 부동(不同)한 점이 있을 시에는 영어 원문에 따른다.

제6조 추후 포고, 포고 규정 공고, 지령 및 법령은 나 혹은 나의 권한하에서 발표되어 제군에게 요구되는 것들을 구체화할 것이다.

1945년 9월 7일 요코하마에서 본 사령관이 작성함.

수포로 돌아간
통일정부의 꿈

아픈 역사이지만 미군정은 해방공간에서 사실상 우리 정부였다. 우리나라에 본격 진주하기에 앞서 미군정은 '인공'을 와해시켰다. 이뿐만 아니라 그 어떤 독립운동단체들의 한반도에 대한 주권도 인정하지 않았다. 겉으로 내건 이유는 인공이든 임정이든 선거를 통해 수립된 정부가 아니어서 민주적 정당성이 부족하다는 것이었다.

그러면서 덧붙이길, 만약 이들을 공식 정부로 인정하면 우리 국민이 직접 참정권을 행사하여 정부를 설립할 권리를 침해한다고 했다.

이 같은 주장이 겉보기에는 반박할 수 없는 상식적인 인식으로 보일 수도 있다. 하지만 그 행간을 봐야 한다. 미군정의 법률고문인 에른스트 프랭켈(Ernst Fraenkel, 1898~1975년)이 했던 말을 요약하면 다음과 같다.

그는 미군정이 유일한 합법정부라고 주장하며 이렇게 말했다. "미 본국 정부의 한 대리자로서 군사 점령자의 권한을 행사하고, 남한의 사실상 '정부'로서 자치정부의 일반 기능을 담당한다."

10월에 들어서자, 미군정은 일본인의 재산을 몰수했다. 아울러 일본인들을 본국으로 송환하기 시작했다. 그러면서 일본인이 떠나며 공석이 된 공직을 한국인들로 채웠다.

이런 상황이 되면서 여러 단체가 만들어졌다. 우파에는 김구 중심의 한국독립당과 이승만의 대한독립촉성국민회와 김성수·송진우의 한국민주당, 중도우파에는 김규식·안재홍의 국민당, 중도좌파엔 여운형의 조선인민당과 김원봉의 조선민족혁명당, 좌파엔 박헌영의 조선공산당 등이다.

얼핏 보기에 여러 단체가 정파에 따라 난립하는 형국이었다. 미군정은 이들 단체를 이용하여 통치했다. 미군정은 자신들에게 우호적인 한국민주당더러 대중의 지지가 높았던 이승만과 연대하라고 했다. 한편으로는 임시정부 법통을 주장하는 김구와도 손잡으라고 했다. 하지만 견해차로 김구와는 멀어졌다.

이러는 가운데 1945년 12월 미국과 영국, 소련의 외무장관이 만나 제2차 세계대전 이후의 세계 질서를 재편하기 위한 논의를 시작했다. 이름하여 '모스크바삼상회의'이다. 이 회의에서 미·영·소 3국 외무상은 우리나라를 신탁통치하겠다고 결정한다.

신탁통치는 말 그대로 다른 나라가 대신 우리나라를 통치한다는 것이 아닌가. 신탁통치안은 1943년 카이로회담에서 처음 언급된다. 연합국의 승리가 확실시되면서 미국의 루스벨트, 영국의 처칠, 중화민국의 장제스 등 세 연합국 수뇌는 제2차 세계대전이 끝나면 일본에 대한 연합국의 대응과 아시아의 전후 처리 문제에 관해 협의했다.

이때 김구는 장제스가 전후 처리 문제 회담에 참석할 예정이라는 이야기를 듣고 그를 찾아간다. 한국의 독립 문제를 의제로 다뤄달라고 부탁하기 위해서였다. 애초 장제스는 한국 독립에 대해 별 생각이 없었다. 김구를 만나 이야기를 들음으로써 진지하게 생각하게 됐다고 한다. 이런 사정으로 장제스에게서 한국의 독립 문제를 들은 미국 루스벨트는 동의했지만, 영국 처칠은 반대했다.

그런데 때마침 우리 한반도에 대해 '국제적 신탁통치(international guardianship)'를 실시한다는 충칭의 〈중앙일보〉 보도가 나왔다. 대한민국임시정부 측은 충칭의 대한민국임시정부를 승인해 달라고 하던 터여서 이 보도가 당황스러웠다. 한편 영국은 한국의 독립 문제가 자칫 자기들 식민지로 불똥이 튀지 않을까 우려했다.

그래서 결국 찾아낸 타협점이 "적절한 시기에 적절한 절차를 거쳐 한국을 독립시킨다"였다. 하지만 이 선언의 행간에는 '즉각 독립'이 아니라 '적절한 시기'라고 함으로써 당분간 '신탁통치'를 하겠다는 의미가 담겨 있었다.

1943년 11월 27일, 미국 루스벨트 대통령과 영국 처칠 수상, 중화민국 장제스 대원수 등 3국 정상은 이집트의 카이로에서 만났다. 일본에 대한 전략을 논의하기 위해서였다. 제2차 세계대전 발발 이후 처음이었다.

이들이 논의해서 내놓은 결과물이 이른바 '카이로선언'이다. 카이로선언은 대한민국을 향후 자유 독립 국가로 승인하겠다는 결의를 담았다. 대한민국의 독립을 처음 국제적으로 보장한 셈이었다.

이런 경험이 있었던 터여서 미국·영국·소련·중국 4개국이 후견국의 역할을 하겠다는 이번 모스크바삼상회의의 신탁통치 결정은 우리의 해방공간을 발칵 뒤집어 놓는다. 이제 겨우 일제 식민지에서 해방됐는데, 또다시 다른 나라의 지배를 받는다는 생각에서였다. 흔한 말로 솥뚜껑 보고 놀란 자라 심정이었다.

따라서 신탁통치를 둘러싸고는 애초의 좌우 진영 간 대결을 넘어 모두가 한마음이 되어 반대했다. 특히 김구를 비롯한 임시정부 계열 인사들은 독립운동 하듯 외세에 의존하지 않고 자주적 입장에서 이 문제를 바라봤다.

16 | 1945년 12월 27일 자 〈동아일보〉 등 주요 신문들이 신탁통치에 관해 오보를 한다.

    그런데 좌파 조선공산당의 박헌영이 신탁통치안 발표 직후 소련의 의중을 파악한다며 평양을 다녀오면서 입장을 찬성 쪽으로 급선회했다. 신탁통치 문제를 '신탁통치'라는 자구에 너무 집착해 바라보다 보니 식민지와 크게 다르지 않다는 생각이 앞서 그 본질을 놓쳤다며, 자세히 살펴보니 신탁통치야말로 우리의 자주독립을 위한 가장 옳은 길이라는 것이다.

    그러는 가운데 〈동아일보〉를 비롯한 신문들의 대형 오보 사건이 터진다. 1945년 12월 27일 〈동아일보〉는 이렇게 보도했다. "외상 회의에 논의된 조선 독립 문제"라는 제목의 기사에 "소련은 신탁통치 주장, 소련의 구실은 삼팔선 분할점령, 미국은 즉시 독립 주장"이라는 부제를 달았다. 신탁통치안은 실제 미국이 주장하고 소련이 반대했는데, 소련이 주장하고 미국이 반대했다고 정

4 수포로 돌아간 통일정부의 꿈

반대로 기사를 썼다.

상황이 이렇게 전개되자, 미군정과 교류하던 한국민주당과 김구, 이승만 등 우익 인사들은 신탁통치를 반대했고, 박헌영 등 좌익 인사들은 찬성하는 상황이 되어 서로 입장이 갈렸다. 국민도 역시 신탁통치를 두고 찬성하는 쪽과 반대하는 쪽으로 나뉘어 시위가 끊이질 않았다.

물론 신탁통치안의 보류 또는 수용이라는 애매모호한 입장을 가진 여운형이나 김규식, 안재홍 등 중도 세력이 있긴 했어도 워낙 좌우익 대립이 격화되면서 그 존재감이 묻혔다.

그러다 신탁통치의 소극적 반대자였지만 찬탁론자로 몰린 한국민주당 수석 총무 송진우가 미국을 적으로 돌리면 공산당이 어부지리를 얻는다고 주장

17 | 임시정부 계열이 중심이 된 신탁통치 반대 운동도 서울 경교장을 중심으로 벌어졌다.

18 | 애초 신탁통치에 반대했던 좌익 인사들은 찬성하는 쪽으로 입장이 바뀌었다.

했다. 송진우는 일본 유학생 송계백이 이광수가 쓴 '2·8 독립선언서'를 몰래 옷 속에 감춰 들여와 중앙학교 최린 교장을 찾아갔을 때 함께 했던 교사였다. 이 같은 입장 때문인지 신탁통치 신중론자인 송진우는 결국 1945년 12월 30일 암살된다.

우익 활동가였다는 서른네 살의 한현우가 송진우가 신탁통치를 찬성한다고 생각하여 저지른 일이었다. 임정 측과 갈등이 있었다는 등 송진우 암살 배후를 놓고 여러 가지 억측이 제기되기도 했다. 하지만 제대로 수사가 이루어지지 않았다고 한다.

이렇게 '신탁통치'를 둘러싸고 나라가 분열되자 위기감을 느낀 김규식, 여운형, 안재홍 등 중도파 인사들이 나서서 '좌우합작운동'을 펼친다. 파리강화회의에서 대한민국임시정부 대표 이름의 탄원서를 제출했던 독립운동가 김규식이 좌우합작위원회의 위원장에 선출되었다. 좌우합작운동의 궁극적 목표는 이념과 사상을 초월해 조선의 모든 조직을 하나로 통합하여 통일정부를 수립하자는 것이었다.

　논의 끝에 위원회는 '모스크바삼상회의 결정에 따라 남북을 통한 좌우 합작으로 민주주의 임시정부 수립'과 '친일파 청산' 등 일곱 가지 원칙을 만들어냈다.

　한편 2월 8일 대한독립촉성국민회(이하 '독립촉성국민회')가 결성된다. 이승만의 독립촉성중앙협의회와 김구의 신탁통치반대국민총동원위원회가 통합하여 출범한 단체였다. 이승만의 독촉중앙회는 앞에서 잠깐 살펴보았으니 여기서는 이쯤 하고, 김구의 신탁통치반대국민총동원위원회가 어떤 단체인지 보자. 이 단체는 대한민국임시정부 진영이 1945년 12월 28일 긴급국무회의를 열어 구성했다. 목적은 모스크바삼상회의가 결정한 신탁통치안에 대해 반대 운동을 펼치기 위해서였다.

　이렇게 두 단체가 통합하여 만든 독립촉성국민회는 출범하면서 다음과 같은 선언문을 발표한다.

① 우리는 대한의 완전 자주독립을 위하여 최후까지 싸울 것을 선언함.
② 우리의 운동은 정당·정파를 초월한 순연(純然)한 국민 운동임을 선언함.
③ 우리는 남북과 좌우의 통합을 기하여 사상적으로나 지역으로나 통일완수를 위하여 사력을 다할 것을 선언함.

　독립촉성국민회는 이승만과 김구를 대표로 추대해 과도정권 수립에 적극 나섰다. 특히 2월 13일 비상국민회의 최고 정무 회의를 구성하는 한편 산하 11개 상임위원회 명단까지 발표한다. 그리고 대표자 28명을 뽑았다. 의장은 이승만, 부의장은 김구와 김규식이 맡았다. 여운형은 불참했다.

　하지만 14일, 미군정은 비상국민회의 최고 정무 회의를 '대한국민대표민주의원'(이하 '민주의원')으로 바꾼다. 미군정은 우리가 주도적으로 정부를 세우는 게 못마땅했던 것이다. 그래서 이 기구를 주한미군 사령관의 자문기구로 축소했다.

그럼에도 민주의원은 매주 화요일과 목요일에 회의를 열어 임시 정책 대강을 만들어 3월 18일 28개 조항을 발표하기도 한다. 하지만 우리 지도자들이 좌우합작운동과 단독정부 수립을 놓고 활발하게 활동을 전개하자 미군정의 입김이 크게 작용하는 민주의원은 유명무실한 존재가 되었다.

이러는 가운데 독립촉성국민회도 여러 계열의 인사들이 모였던 터라 서서히 의견 차이가 드러나면서 분열하기 시작했다. 특히 남한의 단독정부 수립 문제가 수면 위로 떠오르면서 상당한 갈등을 겪다가 통일정부를 주장하는 김구계를 비롯하여 김규식계 등이 탈퇴한다. 다만 이승만을 지지한 신익희계 세력들은 우익단체로 변질되었다.

한편 미국과 소련은 1946년 3월 20일 제1차 미소공동위원회를 연다. 하지

19 | 1946년 3월 20일, 덕수궁 석조전에서 열린 제1차 미소공동위원회 장면. 주한 미군 사령관 하지 중장(오른쪽 앞)과 소련 측 대표 스티코프(왼쪽 앞).

만 서로의 입장 차만 확인하고 아무 소득 없이 끝났다. 더욱이 다음 회의는 날짜조차 잡지 못하고 무기한 연기된다. 미국은 모든 정치 세력이, 소련은 모스크바삼상회의 지지자, 즉 신탁통치 찬성자만 통일 임시정부에 참여하도록 하자고 한 것이다. 이런 가운데 6월에 전국을 순회하던 이승만에게서 문제의 '정읍 발언'이 나온다.

"이제 우리는 무기 휴회된 공위(미소공동위원회)가 재개될 기색도 보이지 않으며, 통일정부를 고대하나 여의케 되지 않으니 우리는 남방만이라도 임시정부 혹은 위원회 같은 것을 조직하여 38 이북에서 소련이 철퇴하도록 세계 공론에 호소하여야 될 것이니 여러분도 결심하여야 될 것이다."

20 | 1946년 6월 3일 당시 이승만 정읍 발언을 보도한 〈서울신문〉.

이승만의 이 '정읍 발언'은 또 다른 논란을 불러오면서 나비의 날갯짓이 되어 점점 커지기 시작했다.

여기서 해방공간 우익 3인방의 노선이 갈리기 시작했다. 이승만은 단독정부 수립, 김구는 반탁통일, 김규식은 좌우합작운동에 힘을 실었다. 반면 좌익 계열은 찬탁 입장이라 미소공동위원회가 열려야 한다고 주장했다.

상황이 이렇게 전개되자 미국은 당황했다. 자신들이 주장한 신탁통치안을 찬성하리라 믿었던 우익에서 반대가 심했기 때문이다. 그래서 미국은 이승만과 김구 대신 진보적인 인사들과 협력하려는 움직임을 보이기도 했었다고 한다. 여기에는 혹시 모를 중도파의 공산당으로의 이탈도 고려했다는 후문이 있기도 하다. 이때 중도파 인물로 떠오른 사람이 여운형과 김규식이었다.

그러자 '민주의원'을 구성하여 입법 자문기구로 활용하려다 실패한 미군정은 다시 이와 비슷한 기구 설립에 나선다. 아처 러치(Archer L. Lerch) 군정장관이 하지 군정사령관에게 건의하여 1946년 8월 24일 창설을 발표한 '남조선과도입법의원'이었다.

미군정의 이 같은 움직임은 나중의 임시정부 수립에서 유리한 자리를 차지하려는 의도에서였다. 아울러 한반도에서의 영향력 확대를 위한 노림수였다. 또 미군정은 우파 중심의 단독정부보다는 좌우 통합에 무게를 실었다. 이 기구는 좌우합작위원회를 이용한 입법기관이라고 할 수 있었다.

그러자 우리의 지도자들은 엇갈린 반응을 보였다. 좌익인 민주주의민족전선은 "정치적으로 지금 이러한 기관을 설치할 때가 아니며, 이 안을 그대로 강행한다면 민주의원의 전철을 밟게 될 것"이라는 성명을 발표하며 반대했다. 자칫 이 기구가 남한만의 단독정부를 위한 것이 될 수 있다는 우려였다.

반면 우파는 달랐다. 한국민주당 등 우파 진영은 이를 환영했다. 그런데 문제는 미군정이 도구로 활용하려는 좌우합작위원회의 입장이었다. 결과적으로 좌우합작위원회는 우파 진영의 단독정부 수립에 힘을 보태게 된다.

하지만 이런 논란 속에서도 미군정은 설립을 강행했다. 선거를 통한 민선 45명, 하지 군정사령관이 임명하는 관선 45명, 하여 모두 90명으로 구성하기로 했다.

1946년 10월 17일부터 22일까지 남조선과도입법의원 선거를 실시했다. 대한민국 역사에서 처음으로 실시하는 민주적 절차의 선거였다. 여기서 우파인 대한독립촉성국민회(17명)와 한국민주당(13명)이 압승을 거둔다. 관선은 좌우익을 고려하고 각계각층의 직능적 역할을 생각하여 인선했다고 한다.

1946년 12월 12일 남조선과도입법의원이 개원했다. 의장에 김규식, 부의장에 최동오와 윤기섭을 선출했다. 남조선과도입법의원은 1948년 5월 10일 총선거를 통해 제헌국회가 구성될 때까지 입법 활동을 했다.

1947년 3월 12일, 트루먼 대통령이 의회 연설을 통해 '트루먼 독트린'을 발표한다. 미소 냉전(cold war)의 시작을 알리는 출발점이었던 트루먼 독트린은 공산주의 소련과 협력 대신 대결에 무게중심을 둔 외교정책을 말한다. 트루먼 대통령은 좌우의 극심한 갈등을 겪는 그리스와 터키에 4만 달러의 군사원조를 제안하면서 독재정치를 하는 공산 제국주의에 대항해야 한다고 주장했다. 그동안의 먼로 독트린(1823년 먼로 대통령이 발표한 '고립주의')을 버리고 '개입주의'로 선회한 것이다.

그러자 이승만은 환영하는 태도를 취하면서 재빨리 트루먼 대통령에게 감사의 편지를 보냈다. 그러면서 미군정이 종용하던 좌우합작운동을 포기해야 한다고 썼다. 김구도 트루먼의 선언이 전 세계 자유 애호 국민에게 희망을 주었다며 환영했다.

하지만 이 두 지도자의 환영은 원칙적으로 큰 틀에서 찬성으로 일치했어도 약간의 온도 차가 있었다. 김구는 통일정부를 주장하지 않았던가. 결국 이 선언은 이승만의 단독정부 수립에 힘을 실어 주었다.

한편 미소공동위원회는 1946년 4월에 조선 내 민주주의 정당 및 사회단체와 협의할 항목을 발표한 바 있었다. 1947년까지 이 항목에 대한 답신을 받았는데, 여기에 국호와 국체(國體) 문제도 들어 있었다.

국호에 한정하여 답신을 살펴보면, 우파인 임정수립대책위원회는 '대한민국', 좌파인 민족주의민족전선은 '조선인민공화국', 중도파인 시국대책협의회는 '고려공화국', 미군정의 입법기관인 남조선과도입법의원은 '대한민국'을 제시했었다.

여기서 보듯 국체는 모두 '공화국'을 지향하고 있었다. 조선과 대한제국의 '군주제'는 대한민국임시정부에서 이미 그 수명을 다했지만, 어찌 되었건 해방공간의 정부 수립 과정에서 누구도 입에 올리지 않게 되었다는 점에서 이제 역사의 유물이 되었다.

남과 북,
다른 정부 다른 국호

1947년 7월 19일, 서울 혜화동 로터리.

여운형이 숙소로 쓰던 '서울 종로구 명륜길 80(명륜동 186-8)'의 친지 정무묵(鄭武默)의 집을 나섰다. 1947년 3월 계동 자택[서울 종로구 창덕궁1길 25(계동 140-8)]에 폭파 사건이 일어나자, 여운형은 정무묵의 집에 머무르고 있었다.

여운형은 국수로 점심을 먹은 후 독립신문 주필 고경흠(高景欽, 1909~1963년)과 경호원 박성복(朴誠復)을 대동하고 리무진에 올랐다. 오후 1시 15분 무렵, 여운형이 탄 차가 혜화동 로터리에서 커브를 도느라 속도를 늦췄다. 이때 트럭 한 대가 길을 막더니 20대로 보이는 앳된 얼굴에 키 작은 청년이 범퍼에 뛰어오르면서 권총 세 발을 쐈다. 탕 탕 탕.

오른쪽 어깨와 후두부 관통상을 입은 여운형이 그 자리에서 쓰러졌다. 고경흠이 가까운 서울대병원으로 급히 옮겼지만, 여운형은 병원에 도착하기도 전에 이미 숨을 거둔 상태였다.

극우로 보이는 한지근(본명 이필형)에 의해 암살된 여운형. 평소 "혁명가는 침상에서 돌아가는 법이 없다. 나도 서울 한복판에서 죽을 것이다"라던 여운형은 이렇게 그 배후를 모른 채 이승에서의 삶을 마감했다.

해방공간의 걸출한 지도자였던 여운형의 암살은 그동안 공들여 오던 좌우합작운동에도 치명상을 입혔다. 좌우합작운동이 사실상 마침표를 찍게 된 것이다. 트루먼 독트린의 발표로 가뜩이나 좌표를 잃고 표류하던 좌우합작운동이 아니었던가. 당황한 것은 미군정도 마찬가지였다. 미군정은 그를 민정장관으로 삼으려 했었다.

한편 여운형 암살 사흘 전인 7월 16일, 남조선과도입법의원에서 만든 '조선민주임시약헌'에 대한 토의가 벌어졌다. '조선민주임시약헌'은 우파가 남한 단독정부 수립을 위한 도구로 삼으려고 만든 임시헌법안이다.

여기서 여러 논의가 있었지만 '조선민주임시약헌'에서 '조선'이라는 국호가 도마 위에 올랐다.

이 안에 대한 두 번째 독회에서 원세훈 의원이 나서 국호는 정식 국회에서 정해야 하지만 이왕 말이 나온 김에 한마디 하고 넘어가겠다며, "조선이라는 국호에 반대"한다고 했다. 그 이유로 단군부터 기자, 위만, 이씨조선 등의 역사적 사례를 들어가며 '역적'과 '치욕'일 때 주로 사용하던 국호가 '조선'이기 때문이라고 했다.

그러자 윤기섭 부의장은 '남조선과도입법의원'에서 '남조선'이 국호가 아니듯 법안 이름에 지나지 않는다며 국호 논의를 하지 말자고 했다. 김붕준 의원도 지금 이야기해 봤자 '가명사(假名詞, 가짜 이름씨)'밖에 안 되는데 굳이 역사강연을 해서 무엇하냐며 힐난하기도 했다.

그럼에도 '조선'이라는 명칭을 둘러싼 논의는 멈추지 않았다. 7월 12일 '조선임시약헌'이란 명칭 사용을 표결에 부친다. 그 결과 재석의원 61명 중 과반인 31명이 찬성하여 통과된다. 반대는 8표에 불과했다.

이로써 가장 중요한 조항인 제1조를 "조선은 민주공정체임"으로 하는 데 별 이의 없이 무사통과된다.

또 5월에 제2차 미소공동위원회가 열렸으나 결렬됐던 터라 미국은 한반도 문제를 더 이상 뭉그적거리지 않고 바로 유엔에 넘긴다. 9월 23일 미국 제의로 유엔은 한반도 문제를 본회의에 회부한다. 그러자 소련은 제동을 걸면서 9월 26일 미소공동위원회 소련 대표를 통해 한국에 주둔하고 있는 모든 외국 군대 동시 철수를 제안한다.

그러자 미국은 소련의 이 제안에 맞서 10월 17일 다시 수정안을 낸다. 1948년 3월 31일 이전에 양 점령 지구에서 점령군 주관하에 선거를 실시할 것과 유엔한국임시위원단이 이 선거를 감시하여 총회에 보고하자는 내용이었다.

이에 외국군 철수에 관한 결의안을 총회에 낸 소련은 한국 문제는 해당 관련 국민의 참가 없이는 올바로 해결될 수 없다는 이유로 당사자인 남북한 국민 대표를 참석시키자고 제안한다. 그러자 미국은 한국인 대표 인사 선임의 어려움을 들어 소련의 제안을 거부했다. 그리고 나서 '유엔한국임시위원단(UNTCOK, United Nations Temporary Commission on Korea)' 설치를 제안했다. 유엔 정치위원회는 10월 30일 미국 안에 대해 손을 들어주었고, 결국 11월 14일 유엔총회는 유엔 감시하에 치르는 '남북 총선거안'을 결의안으로 채택한다.

결의안의 주요 내용은 1948년 3월 31일 이전에 인구 비례에 따른 비밀투표로 선거를 실시하고, 제헌의회의 구성과 이들에 의한 국회 구성 및 헌법제정, 유엔한국임시위원단 설치, 점령국들과 90일 이내 철군하는 문제를 협의하자는 것이었다.

이에 호주와 캐나다, 우크라이나 등 9개국으로 유엔 감시단이 구성되고, 이들은 이듬해 1월에 한반도에 들어온다. 하지만 소련이 삼팔선 이북 지역에서의 선거를 거부하자 우크라이나가 불참했다. 이렇게 하여 총선거는 결국 무산된다. 더욱이 소련군정은 '유엔한국임시위원단'이 삼팔선 이북에 입국하려는 것을 거부한다.

그러자 1948년 1월 8일 유엔한국임시위원단과 김구, 김규식, 이승만이 한 자리에 앉았다. 여기서 김구는 '미·소 양군 철군 → 남북요인회담 → 총선에 의한 정부 수립'의 3단계 방안을 제시했다.

하지만 유엔은 1월 24일 가능한 지역만이라도 선거를 감시하라는 결정을 내린다. 남한만이라도 단독정부를 수립하라는 것이었다.

그러자 이시영을 비롯하여 신익희, 이범석, 지청천 등 임시정부 인사들이 소련의 태도에 못마땅해하면서도 남한의 단독정부 수립에 참여한다. 하지만 통일정부 수립에 대한 마지막 한 가닥 희망의 끈을 놓지 않은 지도자가 있었다. 대한민국임시정부 김구 주석이었다.

김구 주석은 2월 4일 김규식과 공동명의로 김일성과 김두봉에게 편지를 보낸다. 남북요인회담을 열자고 제안한 것이다. 그러

21 | 김구가 김두봉에게 보낸 편지의 일부.

면서 김구는 2월 10일, '삼천만 동포에게 읍고함'이라는 제목의 남한만의 단독정부 수립에 반대하는 성명을 발표한다.

"단독정부를 중앙정부라고 명명하여 자기 위안을 받으려 하는 것은 군정청을 남조선 과도정부라고 하는 것이나 다름이 없는 것이다. 사은망념(邪恩忘念, 은혜를 어긋나게 하고 생각을 잊는 것)은 남을 해치고 자기를 해칠 뿐이니 통일정부 독립만 위하여 노력할 것이다. (중략) 나는 통일된 조국을 건설하려다가 삼팔선을 베고 쓰러질지언정 일신에 구차한 안일을 취하여 단독정부를 세우는 데는 협력하지 아니하겠다."《독립신문》 1948년 2월 13일 자)

하지만 유엔은 2월 26일 소총회를 열어 선거가 가능한 지역에서 선거를 실시하겠다고 결정한다. 우파의 한국민주당이나 대한독립촉성국민회는 즉각 환영했다.

상황이 이렇게 전개되자, 3월 25일, 김구와 김규식이 보낸 편지에 대해 일언반구도 없던 북측은 '북조선민주주의민족통일전선'(이하 '북민전') 이름으로 평양방송을 통해 '남조선 단독정부 수립을 반대하는 남조선 정당·사회단체에 고함'이라는 제목의 성명서를 발표한다. 여기서 북측은 남북조선의 모든 민주주의 정당 사회단체 대표자 연석회의를 4월 14일 평양에서 갖자고 역제안했다. 북측은 남조선노동당, 한국독립당, 민주독립당 등 17개 주요 정당·사회단체에 초청장을 보내왔다.

김구와 김규식은 이 제안이 내심 반가우면서도 진정성이 의심스러웠다. 그래서 김구 측에선 임정 출신의 안경근과 김규식 측에선 비서인 권태양을 먼저 평양으로 보냈다. 사실상 특사 역할을 한 이들은 평양에 가서 여러 인사를 만나고 4월 10일 남으로 귀환했다. 그리고 이튿날 홍명희(대하소설《임꺽정》을 쓴 소설가) 주도로 회의를 열어 단독정부 수립 불참과 남북연석회의 참가를 결정한다.

이렇게 하여 김구는 '전조선 제정당사회단체 대표자 연석회의'에 참석하기 위해 평양에 가기로 결정한다. 하지만 김구의 평양행은 쉬운 일이 아니었다. 반대자들이 집을 에워싸 길을 막았다. 할 수 없이 김구는 아들과 비서와 함께 몰래 뒷문으로 나와야 했다.

그럼에도 평양에서의 협상에서 김구는 어떤 결실도 얻지 못했다. 연석회의가 막을 내리고 귀환하기 위해 김구는 김규식과 함께 5월 3일 다시 김일성과 마주했다. 여기서 김구는 "어떤 일이 있어도 남한의 단선(단독선거)을 반대할 것이니 북한도 단독정부를 세워서는 안 된다"라고 강조했다.

사실상 빈손으로 다시 삼팔선을 넘어와야 했던 김구 일행은 심한 좌절감에 빠졌다. 이미 남북이 각각의 정부를 수립하려는 상황이 눈앞에 성큼 다가와 있었기 때문이다.

더욱이 미군정은 한술 더 떴다. 연석회의 참가자에 대한 탄압에 열을 올렸던 것이다. 미군정은 "모든 수단과 방법을 동원해 5·10 선거를 분쇄하자"는 연석회의 결의문을 문제 삼았다. 아울러 김구와 김규식이 소련과 공산당의 모

22 | 통일정부 수립을 논의하러 북에 갔다가 빈손으로 돌아오는 김구. 왼쪽은 선우진, 오른쪽은 김신.

략에 빠져 참가했다는 식의 음모론까지 들고나왔다. 그러면서 이들에게 선거 참여를 강력히 요구했다. 하지만 두 사람은 단호하게 거부 의사를 밝혔다.

이에 아직 나라 이름이 지어지지 않아 말 그대로 삼팔선을 기준으로 남측과 북측이 따로 정부 수립 절차를 밟을 수밖에 없었다.

남한만의 단독정부 수립을 위한 총선거 일자는 이미 정해졌었다. 5월 9일이었다. 그런데 하필 그날이 일요일이었다. 기독교 측이 예배를 이유로 일요일을 문제 삼았다. 게다가 한 가지 이유가 더 있었다. 이날이 때마침 금환일식(金環日蝕, Annular Eclipse)이 예정돼 있었다. 금환일식은 달이 태양을 완전히 가리지 못해 태양의 형체가 금반지처럼 띠 모양을 보이는 일식이다. 지금은 신기한 우주쇼라고 열광하지만 그때는 하늘이 노한 불길한 징조로 여겼다. 그래서 총선거일은 5월 10일로 조정되었다.

5월 10일, 삼팔선 이남 남측에서만 총선거가 이루어졌다. 알다시피 김구와 김규식 등 남북협상 참가자와 일부 중도계, 좌익 세력이 불참했다. 이들의 반대 투쟁도 격렬했다.

결론적으로 이 선거는 우리나라 최초의 보통선거라는 역사적 의미와 함께 직접, 평등, 비밀, 자유 원칙에 따른 민주 선거였다. 북측 몫으로 100석을 남겨두고, 남측에서 제주도 2석을 제외한 198석을 뽑았다. 제주도 2석이 빠진 것은 4·3항쟁이 진행 중이던 터라 주민의 절반도 투표에 참여하지 못했기 때문이었다. 사실 4·3항쟁은 5·10선거에 대한 가장 강력한 반대 투쟁이나 다름없었다.

이렇게 하여 제헌의원 198명이 뽑혔다. 무소속이 86석으로 가장 많았고, 이승만의 독립촉성국민회 55석, 한국민주당 29석을 각각 얻었다. 두 정당을 합해도 84석에 불과해 무소속보다 적은 수여서 얼핏 보기에 단독정부 수립 주도 세력이 과반 획득에 실패한 것으로 보였다. 하지만 그 속내는 달랐다. 무소속 국회의원 중 한국민주당계 47석, 독립촉성국민회계 6석, 김구와 김규식 등 지지 세력은 20여 석, 기타 10여 석으로 분류할 수 있어서 과반을 확보한 것이나 다름없었다.

누가 먼저
국호를 차지했는가

1948년 5월 31일 오전 10시, 서울 광화문 중앙청 중앙홀.

5·10 총선거로 뽑힌 의원 198명이 속속 국회의사당으로 쓸 중앙청 중앙홀로 입장했다. 중앙청(中央廳)은 미군정이 조선총독부 건물을 접수하여 '캐피탈 홀(Capital Hall)'이라 부른 데서 정인보(鄭寅普, 1893~1950년)가 직역하여 지었다고 한다.

중앙청 건물 바깥에는 국회 개원을 축하하는 인파들이 모여들었다. 구경하려는 사람도 많았다. 특히 중고등학생과 대학생 중심의 청년들이 동원되어 세종로와 태평로 거리에 줄지어 서 있었다. 이 청년들의 도열 행렬은 축하의 의미도 있었겠지만 아무래도 당시 시대 상황을 생각하면 권위주의를 나타내기 위한 수단이 아니었나 싶기도 하다.

아무튼 오전 10시. 국회선거위원회 사무총장 전규홍이 1차 회의의 시작을 알렸다. 국민의례와 임시 의장 선출 건이 이어졌다. 국회의원뿐이어서 회의를 진행할 임시 의장이 필요했던 것이다. 임시 의장에는 노진설 의원의 제안대로

23 | 1948년 5월 31일 중앙청 중앙홀에서 열린 제헌국회 개원식. 이승만 국회의장이 개원사를 낭독하고 있다.

최고 연장자인 이승만 박사가 뽑혔다. 지금도 국회가 개원할 때는 최연장자가 임시 의장을 맡아 진행한다.

임시 의장에 뽑힌 이승만이 단상에 올랐다. 그런데 이승만 임시 의장은 오늘 이렇게 된 게 사람의 힘만으로 된 것이라 할 수 없으므로 '하나님'에게 감사를 드린다는 말부터 꺼냈다. 그러면서 이승만 임시 의장은 식순에 없던 뜻밖의 제안을 내놓는 게 아닌가. 기도하자고. 잠시 장내가 술렁거렸다. 하지만 이승만 임시 의장은 미리 준비한 듯 목사 출신 이윤영 의원더러 기도를 해달라고 했다. 이윤영 의원은 꽤 긴 시간 기도를 했다.

이후 제헌의회 개회식에서 기도를 했느냐 안 했느냐를 놓고 설왕설래가 있기도 했다. 하지만 국회 속기록에 기도문까지 버젓이 기록돼 있는 것으로 보아 기도를 한 것이 사실이다. 이 기도문을 '제헌국회 기도문'이라고 부른다. 기도가 끝나고 나서야 이승만 임시 의장의 개회 식사가 이어졌다.

"우리는 민족의 공선에 의하여 신성한 사명을 띠고 국회의원 자격으로 이에 모여 우리의 직무와 권위를 행할 것이니 먼저 헌법을 제정하고 대한독립민주정부를 재건설하려는 것입니다. 나는 이 대회를 대표하여 오늘의 대한민주국이 다시 탄생된 것과 따라서 이 국회가 우리나라에 유일한 민족대표기관임을 세계만방에 공포합니다."

이렇게 우리의 제헌의회가 출범했다. 이 제헌의회의 역할 중 가장 중요한 것은 무엇일까. 벌써 이름에서부터 뭔가 큰 사명이 주어진 것 같지 않은가. '제헌(制憲)'. 그렇다. '헌법'을 만든다는 의미다.

헌법이란 무엇인가. 알다시피, 국가의 최고법규이다. 헌법은 국민의 기본권과 국가의 조직, 운영에 관한 내용을 담고 있다. 헌법은 모든 법률의 기준과 근거가 된다. 헌법을 위반하면 대통령도 파면될 만큼 헌법은 반드시 지켜야 할 법체계이다. 이를 입헌주의라 한다. 따라서 지금 나라를 세우려는 우리에게는 우선하여 헌법이 있어야 한다.

이렇게 개원한 제헌의회는 6월 2일 가장 중요한 임무인 헌법제정을 맡을 '헌법기초위원회'를 구성했다. 헌법기초위원은 모두 30명이었다. 위원장에는 독립운동가 출신이자 한국민주당의 서상일(徐相日, 1887~1962년), 부 위원장에 독립촉성국민회의 이윤영(李允榮, 1890~1970년) 의원을 각각 뽑았다. 유진오(兪鎭午, 1906~1987년)를 비롯한 권승렬 등 10명의 법률 전문가로 구성된 전문위원도 두었다.

헌법기초위원들은 하루라도 빨리 헌법을 만들어 정부를 수립해야 한다는 생각에서 구성되자마자 곧바로 작업에 돌입했다.

사실 헌법제정 문제는 이미 여러 군데서 준비되고 있었다. 대한민국임시정부 출신인 신익희(申翼熙, 1894~1956년)가 가장 먼저 나섰다. 1945년 12월 3일 임시정부 2진으로 중국에서 귀국하자마자 신익희는 조선총독부 관리였던 전문가들을 모아 17일 '행정연구위원회'라는 단체를 꾸렸다.

행정연구위원회는 1946년 1월 중순부터 여섯 차례의 회의를 통해 헌법 기초 요강을 작성했다. 그리고 3월 초에 '한국 헌법'을 발표한다. 이뿐이 아니었다. 우익의 남조선 대한국민대표민주의원에서는 '대한민국 임시헌법', 좌익의 민주주의민족전선에서는 '조선민주공화국 임시약법'을 각각 발표하기도 했다. 중도파 남조선과도입법의원에서도 '조선임시약헌'을 내놓았다.

이런 상황에서 헌법기초위원회는 전문위원들에게 참고할 만한 헌법안을 제출하라고 했다. 6월 4일 첫 모임을 연 헌법기초위원회 전문위원들은 두 개의 헌법안을 제출했다. 유진오·행정연구위원회 헌법안과 권승렬 헌법안.

'유진오·행정연구위원회 헌법안'은 당시 거의 유일한 헌법 전문가로 통하던 보성전문학교 교수 유진오가 신익희의 제안으로 행정연구위원회와 함께 만든 헌법안이었다. 김성수의 한국민주당과 이승만과 신익희의 대한독립촉성국민회의 입장을 대변하는 헌법안이라 볼 수 있다.

'권승렬 헌법안'은 대일항쟁기 때

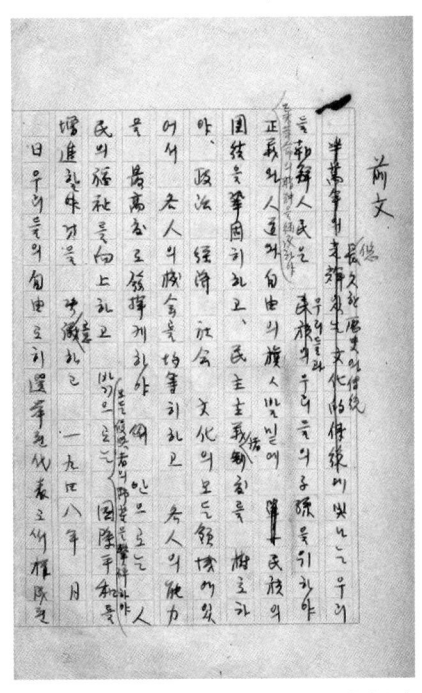

24 | 유진오 박사가 만든 헌법 초안.

변호사를 했던 권승렬이 김병로와 이인 등 민족운동 계열 법률가들의 도움을 받아 독자적으로 만든 헌법안이었다.

전문위원들은 두 개의 헌법안을 놓고 어떤 안을 헌법기초위원회에 제출할지 논의했으나 합의에 이르지 못했다. 전문위원들은 하는 수 없이 두 안을 모두 헌법기초위원회에 제출했다.

전문위원들로부터 두 개의 헌법안을 제출받은 헌법기초위원회는 곧바로 논의에 들어갔다. 헌법기초위원들이 말 그대로 난상토론을 벌였지만, 합의로 제시된 두 헌법안 중 하나를 선택하는 데 실패했다. 그렇다면 이제 남은 방법은 표결에 부치는 것 말고는 없지 않은가. 헌법기초위원회는 표결에 부쳤다. 결과는 유진오·행정연구위원회 안이 13표, 권승렬 안이 11표를 얻었다. 합의에 이르지 못하고 난상토론을 할 만큼 투표 결과도 막상막하였다.

표결 결과에 따라 헌법기초위원회는 '유진오·행정연구위원회 공동안'을 원안으로 하되, '권승렬 안'을 참고 안으로 하기로 결정했다.

헌법기초위원회는 본격적으로 헌법을 제정하기 위한 작업에 돌입했다. 헌법의 원칙, 국호, 정부 형태, 국회 구성 방법(단원제 또는 양원제) 등에 대하여 격론을 벌이면서 하나하나 정해나갔다.

자, 여기서는 헌법기초위원회에서 다룬 헌법의 전반적인 내용을 자세하게 살펴볼 필요성을 느끼지 못한다. 이 책의 주제가 국호가 아닌가. 그러니 국호에 관한 내용만 자세하게 살펴보겠다.

유진오·행정연구위원회 공동안이 제시한 국호는 '한국(韓國)'이었고, 권승렬 헌법안은 '대한민국(大韓民國)'이었다. 혹시 한국이나 대한민국이나 같은 것 아니냐고 할지 모르겠다. 지금은 주로 국호를 '대한민국'이라고 전체를 부르지만 한때는 '대한민국'의 약칭으로 '한국'이라고 부르지 않았는가. 하지만 이 둘의 차이는 엄연히 다르다. 나중에 자세히 살펴보겠지만 '한' 앞에 '대' 자가 붙은 연유나 '민국'이 된 이유를 알면 다른 점을 이해할 테다.

사실 당시 헌법기초위원회의 국호 논쟁에 대한 기록이 거의 없어 자세한 내막을 알 길이 없다. 다만 그동안 여러 자료에 공통으로 언급된 파편들을 모아보면, 헌법기초위원회는 두 헌법안에 제시한 국호 말고도 여러 개의 후보를 놓고 격론을 벌였다. 하지만 의견은 쉽게 좁혀지지 않았다. 더욱이 국호보다 더 첨예한 대통령제와 내각책임제를 둘러싼 대논쟁이 기다리고 있었던 터여서 갈 길 바쁜 헌법기초위원회로서는 국호 문제에 너무 많은 시간을 들일 수 없다는 생각에서 결국 투표를 한다.

그 결과, '대한민국' 안이 17표, '고려공화국' 안이 2표, '한국' 안이 1표를 얻었다. 어쩌면 이 결과는 이미 예상된 것이나 다름없었다. 이승만 국회의장이 제헌국회 개원식 개회 식사에서 국호가 이미 '대한민국'인 것처럼 천명하기도 하였거니와, 이승만 의장의 배후 세력인 대한독립촉성국민회를 비롯한 우파에서 적극 밀었기 때문이다.

25 | 대한민국 국호를 비밀투표로 의결한 제헌국회 헌법기초위원들.

'우대한 좌조선'과 '고려'라는 또 다른 선택지

26 | 이태준의 소설 《해방전후》 표지.

낙관적 관찰로서 조선 독립의 날을 꿈꾸는 것이었다.

"국호(國號)가 고려국이라고 그러셨나?"

현이 서울서 듣고 온 것을 한번 김 직원에게 이야기한 적이 있다.

"고려민국이랍디다."

"어째 고려라고 했으리까?"

"외국에는 조선이나 대한보다 고려로 더 알려졌기 때문인가 봅니다. 직원님께서 무어라 했으면 좋겠습니까?"

"그까짓 국호야 뭐래든 얼른 독립이나 됐으면 좋겠소. 그래도 이왕이면 우리넨 대한 이랬으면 좋을 것 같어."

"대한! 그것도 이조 말에 와서 망할 무렵에 잠시 정했던 이름 아닙니까?"

"그렇지요. 신라나 고려나처럼 한때 그 조정이 정했던 이름이죠."

"그렇다면 지금 다시 이왕시대(李王時代)가 아닐 바엔 대한이란 거야 무의미하지 않습니까? 잠시 생겼다 망했다 한 나라 이름들은 말씀대로 그때그때 조정이나 임금 마음대로 갈았지만 애초부터 우리 민족의 이름은 조선이 아닙니까?"

"참, 그러리다. 사기에도 고조선이니 위만조선(衛滿朝鮮)이니 허고 조선이란 이름이야 흠벅 오라죠. 그런데 나는 말이야…."

하고 김 직원은 누워서 피우던 담배를 놓고 일어나며,

"난 그전대로 국호도 대한, 임금도 영친왕을 모셔내다 장가나 조선 부인으로 다시 듭시게 해서 전주 이씨 왕조를 다시 한번 모셔보구 싶어."

하였다.

"전조(前朝)가 그다지 그리우십니까?"

"그립다 뿐이겠소. 우리 따위 필부가 무슨 불사이군(不事二君)이래서보다도 왜놈들 보는 데 대한 그대로 광복(光復)을 해가지고 이번엔 고놈들을 한번 앙갚음을 해야 하지 않겠소?"

"김 직원께서 이제 일본으로 총독 노릇을 한번 가 보시렵니까?"

하고 둘이는 유쾌히 웃었다.

"고려민국이건 무어건 그래 군대도 있구 연합국 간엔 승인도 받았으리까?"

"진가는 몰라도 일본에 선전포고꺼정 허구 군대가 김일성 부하 이청천 부하 모다 삼십만은 넘는다는 말이 있습니다"

"삼십만! 제법 대군이로구려! 옛날엔 십만이라두 대병인데! 거 인제 독립이 돼가지구 우리 정부가 환국할 땐 참 장관이겠소. 오래 산 보람 있으려나 보오!"

길게 인용한 이 글은 소설가 이태준의 《해방전후》의 한 대목이다. 당시 국호를 둘러싼 논쟁이 어떠했으면 소설 속에서도 고려와 조선, 대한을 두고 설왕설래하겠는가.

이렇듯 새 정부를 수립하는 과정에서 국호 문제는 '뜨거운 감자'였다. 각각의 정파에 따라 사생결단하듯 국호 문제를 천착했으니 말이다.

해방 정국에서 국호를 둘러싸고 이런 말이 돌았다고 한다. 계간지 《역사비평》 주간을 지낸 임대식의 논문 〈일제 시기·해방 후 나라 이름에 반영된 좌우 갈등〉에 나오는 한 논자가 했다는 이야기다.

"세칭 보수적 우익 측은 대한이오, 자칭 진보적 좌익 측은 조선이오, 통칭 회색적 중간층은 고려다."

이런 국호에 대한 논란을 두고 이른바 '우대한 좌조선(右大韓 左朝鮮)' 또는 '남대한 북조선(南大韓 北朝鮮)'이란 말로 요약된다고 했다. 사실 중도파가 '고려'를 주장했지만 별로 설 자리가 없었다.

이 말 속에는 우파는 대한, 좌파는 조선을 국호로 내세우려 했다는 액면 그대로의 의미만 있었을까. 그 행간에는 어떤 정부형태를 만들 것인가 하는 체제까지 생각한 이념이 들어 있었다. 그래서 논쟁이 더 격렬했는지도 모른다.

임대식은 위의 논문에서 국호를 둘러싼 좌우의 갈등이 대일항쟁기 때의 정치적 대립보다 더 심했고, 신탁통치 찬성과 반대 논쟁을 거치면서 끝 간 데 모르고 치달았다고 했다.

자, 그러면 각 정파가 어떤 논리로 국호를 주장했는지를 좀 더 구체적으로 살펴보자.

● 우파의 국호 '대한' 주장

우파는 '임정법통론(臨政法統論)'과 '임정봉대론(臨政奉戴論)'을 내세우며 '대한민국임시정부'의 국호인 '대한민국'에 호감이 컸다. 임정법통론은 '대한민국임시정부' 그 자체로 한민족 전체에 대한 대표성을 가진 정통성 있는 정부라는 논리이다. 임정봉대론은 '충칭 임시정부'가 유일한 정권 수임 기관이 되어야 한다는 주장이다.

특히 제헌국회 국회의장이 된 이승만의 대한독립촉성국민회와 김구의 한국민주당이 강력하게 국호 '대한민국'에 집착했다. 이들은 대한민국임시정부를 이끌며 독립운동을 치열하게 해낸 인사들이다.

그러면 우파가 내세우는 임시정부의 국호, 즉 '대한민국'은 어떻게 정해졌을까. 이 이야기에도 적지 않은 서사가 있기에 뒤에서 따로 한 꼭지로 다루기로 하고, 여기서는 맛보기 차원으로 간단하게 언급하고 넘어가겠다.

임시정부를 세우기 위한 회의에서 신석우(申錫雨, 1895~1953년)가 국호를 '대한민국'으로 하자고 발의했고, 굳이 망한 나라의 이름을 쓸 게 뭐가 있느냐며 '조선'으로 하자는 여운형의 반론에, 신석우가 다시 "대한으로 망한 나라 대한으로 흥하자"고 응수하여 '대한'으로 결정했단다.

아무래도 우파의 '대한'에 대한 주장은 우리나라의 시작이 '대한민국임시정부'에 있다는 점을 분명히 하겠다는 이유가 컸을 것이다. 이 같은 의지는 국회의장으로 뽑힌 이승만이 5월 31일 제헌국회 개원식에서 했던 '개회 식사'를 보면 알 수 있다.

이승만 의장은 개회 식사에서 '대한독립민주정부'나 '대한민주국' 같은 아예 '대한'이란 용어를 국호처럼 써가며 "기미년에 서울에서 수립된 민국임시정부의 계승"임을 분명히 했다. 민국임시정부란 서울에서 결성된 '한성정부'를 의미한다.

사실 혹자는 '대한민국임시정부'를 '상하이'에서 결성된 임시정부로만 이해하는데, 그건 잘못 인식한 것이다. 애초 많은 독립운동가가 상하이에 모여 임시정부를 구성했다. 그런데 상하이 말고도 이미 여러 군데서 임시정부가 만들어졌었다. 이런 상황이 되자 뜻있는 독립운동가들이 이를 하나로 통합하자는 운동을 추진했다.

이때 통합에 주도적인 역할을 한 것은 러시아 전로한족회중앙총회를 확대하여 가장 먼저 임시정부를 세운 대한국민의회이다. 이 대한국민의회와 서울에서 세워진 한성정부, 그리고 상하이 임시정부 등 일곱 개 임시정부가 합하여 1919년 4월 11일 '대한민국임시정부'가 세워졌다.

여기서 주목할 점은 한성정부의 역할이다. 흔히 국가를 구성하는 3요소로 '국민, 영토, 주권'을 꼽는다. 이 중 '국민'과 '주권'은 갖춘 상태이지만 '영토'가 문제였다. 그런데 한성정부의 근거지가 어딘가. 한성정부는 '서울'에서 결성되었다. 그렇다면 한성정부의 영토는 서울을 비롯한 한반도가 아닌가. 한성정부가 임시정부 통합에 참여함으로써 이 문제는 해결된 셈이었다.

한성정부의 집정관 총재였던 이승만은 한성정부의 정통성을 기반으로 대한민국임시정부에서 대통령으로 추대된다. 이 같은 정통성을 기반으로 이승만은 임정법통론을 주장하며 국호 '대한'을 주장했던 것이다.

더욱이 이승만 의장은 제헌국회 개회 식사를 마치면서 맨 마지막에 '대한민국 30년 5월 31일'이라고 표기한다. 1919년에 탄생한 대한민국임시정부를 기준으로 연도를 세겠다는 강한 의지의 표현이었다.

☯ 좌익의 국호 '조선' 주장

다시 임대식의 논문에 기대어 살펴보자. 독립운동가들은 1926년 말부터 전개된 민족유일당운동 과정에서 통일전선을 유지하기 위해 '조선', '고려', '한국' 등 다양한 용어를 사용했다. 그러다 민족 연합 성격의 민족혁명당에서 우익 세력이 이탈하자 '조선민족전선연맹'으로 이름을 바꾸었고, 이들이 해방 후 국내로 들어와 '조선민족혁명당'이란 이름으로 활동한다. 아마도 이들 세력이 좌익이었던 점에서 '조선'이란 국호를 선호했던 것으로 보인다.

그러면서 해방공간에서 조선공산당이나 조선건국동맹, 조선건국준비위원회, 조선인민공화국 등 좌익은 '조선'을 단체 이름에 사용한다.

☯ 중도파의 국호 '고려' 주장

해방공간에서 좌익과 우익의 격렬한 주도권 다툼으로 사실상 중도파의 입지는 매우 좁았다. 그럼에도 중도파 역시 나름의 역할을 하려고 하는 가운데, 국호로는 '고려'를 내세웠다.

〈동아일보〉 주간을 지낸 설의식(薛義植, 1900~1954년)에 따르면(허완중의 논문 〈헌법 일부인 국호 '대한민국'〉에서 재인용), 중도파가 고려를 내세운 까닭은 네 가지였다. 전 세계에서 통용되고, 우리나라가 옹글게(완벽하게) 통일되었을 때, 자주독립일 때, 그리고 민족적 반감이나 대립감이 없는 국호이기 때문이라고 했다.

설의식의 동생이자 월북 시인 설정식(薛貞植, 1912~1953년)이 '새한'이란 국호를 사용하자고 제안했지만 별 반향은 없었다. 다만 그의 '새한'에 대한 집착이 얼마나 강했는지 〈동아일보〉를 그만두고 〈새한민보〉를 창간할 정도였다. 그런 그가 〈동아일보〉에 연재했던 국호에 관한 글이 "가장 체계적이고, 시사하는 바가 있"(임대식 평가)으므로 해방공간에서 국호 논쟁에 대한 정리 차원에서 임대식의 논문을 인용해 본다.

"'대한'을 재사용할 근거로 ① 대한은 망국 직전까지 사용했던 국호이니 광복적 의미가 있음, ② 대한은 3·1운동 이후에도 임정에서 사용한 것이니 그 법통을 계승하는 의미가 있음, ③ 대한의 '한'은 삼한시대부터 국호의 표상으로서 역사적 유래가 있음 등을 들었다.

27 | 시인 설정식의 30대 때 모습.

'조선'을 재사용할 근거로 ① 조선은 단군 시절부터 국호로 역사적 유래가 있음, ② 조선은 우리 민족의 범칭적 용어로 어느 때든지 사용해도 무방함, ③ 조선은 우리 지역의 이름으로 널리 쓰이는 말로 쓰기에 쉽고 편리함 등을 들었다.

'고려'를 재사용할 근거로 ① 대한과 조선에 구애됨이 없이 완전히 새로 출발하기 위해, ② 대한과 조선이 지금 대립하니 이를 발전적으로 해소하여 분열을 피하고 통일을 기하기 위해, ③ 외국에서 불리고 있는 코리아와 관련이 있는 용어이기 때문에 등을 들었다."

그리고 설정식은 국호 제정 5원칙을 제시했다. 첫째, 한글로 할 것. 둘째, 역사적으로 유래가 있고 의거하는 바가 있을 것. 셋째, 지역적 민족적으로 우리의 범칭일 것. 넷째, 알기 쉽고 뜻이 훌륭하여 해석이 분명할 것. 다섯째, 새로이 거듭나려는 우리 겨레의 앞날과 새 문화에 조화될 것.

그렇다면 이 세 가지 국호 후보 중 어떤 국호가 국민의 지지를 얻고 있었을까? 1947년 7월 조선신문기자회가 '임시정부 정체에 대한 여론조사'를 실시했다. 이때의 여론조사는 지금처럼 전화를 이용하는 방법이 아니라 직접 길거리에서 조사했다. 이 조사는 7월 3일 오후 5시부터 1시간 동안 서울 시내 중요 지점 10개소에서 일제히 통행인 2,495명을 대상으로 실시했다고 한다.

이 여론조사는 '국호'에 관한 문항도 넣어 조사했는데, 조선인민공화국 70%(1708표), 대한민국 24%(604표), 기타 1%(8표), 기권 4%(139표) 순으로 나타났다고 한다. 이 결과에 대한 신뢰성에 의문이 가긴 하지만 의외의 결과다. '대한민국'보다 '조선'을 선호하는 국민이 더 많았던 것이다.

제헌의회, 국호를 두고 벌어진 표결

1948년 6월 26일, 제헌국회 본회의장.

제헌의회 본회의에서 '헌법 초안'에 대한 제1독회를 열고 있었다. 사흘 전인 6월 23일 헌법기초위원회가 그동안 논의하여 마련한 헌법 초안을 이미 보고한 상태였다. 서상일 헌법기초위원회 위원장이 국호에 관해서도 설명했다.

"대한민국으로 하느냐 고려공화국으로 하느냐 혹은 조선이라고 이름을 정하느냐 혹은 한이라고 하느냐 하는 국호 문제가 많이 논의가 되었던 것을 여러분에게 말씀드립니다."

그러면서 서상일 위원장은 헌법기초위원회 위원들이 이미 투표로 '대한민국'으로 잠정 결정했음도 알렸다. 하지만 국호 문제가 또다시 도마 위에 올랐다. 곽상훈 의원이 헌법 초안 제1조에 "국호를 대한이라고 정한 의의와 근거가 무엇이냐"고 서면질의를 한 것이다. 권태희 의원도 같은 질의를 했다. 그러자 서성일 헌법기초위원회 위원장이 나섰다. 6월 23일 자 제헌국회 속기록을 보자.

"여러분이 아시다시피 우리나라는 청일전쟁 중에 대한이라고 하는 말을 마한조약(시모노세키조약인 '馬關條約'의 오기로 보인다)에서 썼던 것을 여러분이 역사적으로 잘 아실 것입니다. 그때에 대한이라고 이름을 정한 것이올시다. 그래서 그것이 다시 한일 합병으로 말미암아 대한이라고 하는 글자는 없어지게 된 것이올시다. 그러나 그동안 우리나라에 일정한 국호가 없었던 것인 만큼 또 그 후에 3·1혁명 이후에 우리나라에서도 해외에 가서 임시정부를 조직해서 그때도 대한이라고 이름을 붙여 내려온 것입니다. 또 이 국회가 처음 열릴 때에 의장 선생님으로부터 여러분에게 식사를 말씀하시는 끝에도 대한민국 30년이라는 연호를 쓴 관계로서 이 헌법 초안에도 아주 누가 이렇게 국호를 정해라 저렇게 해라 정할 수가 없어서 대한이라고 그대로 인용해서 실용한 것으로 생각하는 바입니다. 그만한 정도로 답변해 드립니다. 그다음에 제1조에 대한이라는 대(大) 자를 관사(冠詞)로 사용하면 군주국의 기분이 있지 않을까, 그 말은 저희들도 그렇게 생각합니다. 대(大) 자라고 하는 말은 크다는 말입니다."

국호를 '대한'으로 한 이유를 역사적 배경에서 찾았다. 마관조약은 청일전쟁이 끝난 후 시모노세키에서 일제와 청나라가 맺은 조약을 말한다. 우리나라에 대한 청나라의 영향력이 사라지고 대신 일제가 주도권을 갖는 내용을 골자로 한다.

이때 조선의 마지막 왕 고종은 아관파천을 거쳐 1년 만에 덕수궁으로 돌아와 대한제국을 선포한다. 이때 국호를 '대한'이라고 정했던 역사적 사실을 부각한 것이다.

그러면서 서상일 위원장은 이승만 국회의장이 개원 식사에서 '대한민국 30년'이라는 연호를 썼던 터라 누구도 헌법 초안의 국호에 대해 왈가왈부할 수 없는 입장이라 '대한'을 사용했다고 덧붙였다.

또 '한' 자 앞에 붙은 '대' 자에 관해서도 설명했다. '대' 자를 관사로 사용하면 '군주국(제국을 의미하는 것으로 보인다)' 기분이 들지 않을까 싶다면서 '대영제국'이나 '대일본 제국주의'처럼 남을 낮추고 자신을 높이려는 비민주적이고 봉건적인 요인이 들어 있다고 했다.

그런데 이를 정면 반박한 의원이 있었다. 독립운동가 출신 조봉암 의원이었다. 훗날 국회부의장까지 지낸 조봉암 의원은 '간첩죄'를 씌운 이승만 대통령의 정치보복으로 사법 살인을 당했던 인물이다. 사형 직전 "아무것도 없소. 막걸리 한 사발과 담배 한 개비만 주시오"라는 유언을 남기고 형장의 이슬로 사라진 조봉암. 이승만과의 악연은 독립운동 때부터 싹텄던 점으로 미루어 그의 반박은 어쩌면 당연한 수순이었으리라.

"일부 논자는 대한민국임시정부의 법통 계승 문제와 결부해서 생각하는 모양인데, 우리 인민의 대표가 여기서 헌법을 만들고 새 나라를 건설함에 있어서는 을사조약 이래로 민족정기로써 강도 일본제국주의 침략에 반대 투쟁한 해내 해외에서의 수백만의 애국 동포와 선열의 혁명적 투쟁의 전통과 그 정신을 계승하매 혁신적이고 진취적인 신흥 국가를 건립하자는 것이고 어떠한 명의를 답습함이 목적도 아니고 본의도 아닌 것입니다. 더욱이 중경 임정의 주석이던 김구 선생이 이미 '지금 남조선에서는 대한민국의 법통을 계승할 아무 조건도 없다'고까지 반대 의사를 표시한 바도 있는 터이니, 대한민국이란 말은 역사적 합리성으로 보거나 체제로 보거나 형식적 법통으로 보거나 천만 부당하니다. 그런데 일부 논자가 이 국회 개원일에 임시의장이든 이승만 박사께서 식사 중에 대한민국 법원(法院, 法源의 오자로 보인다) 운운한 것을 그 문자 그대로 옮겨 쓰기를 주장하는 듯합니다. 대체 국호와 같은 중대한 것을 인민 전체, 적어도 인민의 대표기관인 국회에서 논의 결정될 것이지 어느 개인이 임의로 지어내서 마음대로 쓸 수 있는 성질의 것이 아닙니다. 더욱이 당시 임시 의장이자 위대한 정치가이신 이승만 박사께서 그렇게 법에 어그러지고 경우에 틀리는 처사를 하실 리가 만무합니다. 그는 어디까지나 혁명적 투쟁의 전통을 고조하는 나머지에 그러한 표현을 한 것에 불과한 것으로 믿습니다. 이렇게 일시 잘못된 표현을 합리화해 가지고 그것이 무슨 법전인 것 같이 대한민국을 고집하는 것이 매우 유감되는 일입니다."〈제헌국회 속기록〉 제1회 21호)

국호를 '대한'으로 정하는 것에 대한 불만을 압축적으로 잘 드러낸 것 같아 좀 길게 인용했다. 이때만 해도 국호가 '대한'으로 정해지는 데에는 큰 이견이 없는 듯 보였다. 그런데 조봉암이 반대하고 나선 데는 임시정부 법통 승계에만 초점을 맞추면 임시정부 바깥에서 독립운동을 하던 좌파나 중도파 등 다양한 세력들의 설 자리가 없을 것 같다는 우려 때문인 듯하다.

충칭 임시정부 주석이었던 김구도 국호 문제를 놓고 이승만과 대립했다. 김구는 7월 1일 〈조선일보〉와 진행한 인터뷰에서 "국회에서는 대한민국 국호 문제로 임정계의 반대 의견을 우려하야 상당히 논의되고 있는데?"라는 질문에 이렇게 답했다.

"대한민국 국호를 어떠한 사람이 계승한다 하여도 세계 각국에서 승인받을 만한 조건을 구비하지 않고서는 아니 될 문제다. 임정에서 이양한다 하여도 남북을 통한 총선거를 통하여 남북통일정부를 수립하여야만 되며 현재의 반쪽각 정부로써는 계승할 근거가 없다. 정부를 하나 아니라 열을 맨드럿다 하여도 법적으로 조직이 아니 된 정부는 법통을 계승할 수 없다."

보다시피 김구가 남한만의 단독정부 수립에 강하게 반대하는 의미가 행간에 담겨 있다. 이외에도 이승만의 권위 때문에 겉으로 드러내놓고 반대하지 못한 채 속앓이를 하던 의원이 적잖이 있었던 것 같다.

그러자 이승만 국회의장이 다시 나섰다. 7월 1일 제헌의회의 헌법안 제2독회에서 헌법 제1조 "대한민국은 민주공화국이다"의 통과 여부에 관해 논쟁을 벌이면서 '대한민국'이라는 국호까지 논쟁의 대상이 된 것이다. 이승만 의장은 이런 말로 논의를 재촉했다.

"국호 개정이 잘되었다고 독립이 잘되고 국명이 나쁘다고 독립이 잘 안될 것은 아니고 그런 것은 문제가 안 됩니다. 그래서 이 국호 개정이 제일 시간이 많이 걸리기 때문에 나는 1분 동안이라도 빨리 우리 헌법을 통과시켜야 될 것이니까 그것 잘 아시도록 내가 부탁하는 겁니다. 그러니까 국호는 차차 국정이 정돈되어 가지고 거기에 민간의 의사를 들어가지고 대다수의 결정에 의하여 그때 법으로 정하는 것이 좋으리라고 생각합니다. 그러니까 국호 문제에 있어서는 다시 문제를 일으키지 말기를 또 부탁하는 것입니다."《제헌국회 속기록, 제1회 제22호》

이승만 의장은 국호보다는 헌법안 통과에 더 방점을 찍고 있었다. 국호 문제는 여러 의견이 있을 수밖에 없는 현실을 생각하여 일단 '대한민국'으로 '임시(?)' 결정을 하고 나중에 민간 의사까지 수렴하여 다시 정하면 된다고 주장했다.

이승만의 이 같은 입장은 《신천지》 1948년 7월호에 실린 김영상의 '헌법을 싸고도는 국회 풍경'이란 글에서도 드러난다.

"국호가 잘되지 않아서 독립이 안 되는 것이 아니니 3·1운동에 의하여 수립된 임시정부의 국호대로 대한민국으로 정하기로 하고 국호 개정을 위한 토론으로 시간을 낭비함으로써 헌법 통과에 방해가 되지 않도록 합시다."

28 | 9월 1일 관보에 실린 대한민국 제헌헌법. '대한민국은 민주공화국이다'라는 헌법 1조가 눈에 띈다.

이승만 의장의 독려 발언에 국호에 관한 논의는 일사천리로 한쪽 방향으로 치달았다. 찬성과 반대가 공존하는 것이 아니라 찬성이 절대 다수를 형성했다.

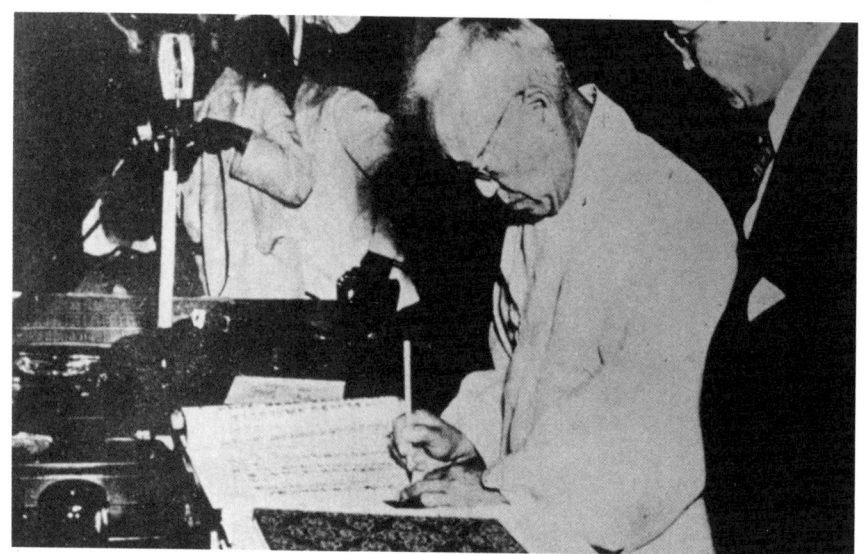
29 | 제헌헌법에 서명하는 이승만 초대 대통령.

30 | 헌법 공포식을 마친 후 기념 촬영을 한 제헌의회 의원.

이에 자신감을 얻은 찬성파 쪽에서 표결을 진행한다.

투표 결과는 이미 정해진 것이나 다름없었음을 보여주었다. 국호로 '대한민국'을 찬성하는 표가 163표였다. 반대는 고작 2표에 불과했다.

그리고 7월 12일 제헌의회 제28차 본회의에서 제헌헌법이 만장일치로 통과됨으로써 우리나라의 국호는 '대한민국'으로 정해졌다.

이승만,
"국호는 다시 검토하자"

　제헌국회에서 우리나라 '헌법'이 통과되면서 국호는 일단 임시로(?) '대한민국'으로 정해졌다. 제헌국회가 국호 문제를 더 이상 문제 삼지 않은 것은 헌법부터 빨리 제정해야 하므로 나중에 따로 신중하게 논의하면 된다는 이승만 국회의장의 재촉에 힘입은 바 크다.

　물론 이승만을 따르는 의원이 다수였던 점을 생각하면 이승만 의장의 제안이 통과된다는 것은 당연하다. 그렇더라도 '대한민국'이 압도적인 찬성표로 채택된 것은 또 다른 문제를 잉태하기에 충분했다.

　이승만 의장으로서는 추구하려던 목적을 이루었기 때문이다. 여기에다 이승만 국회의장의 신분이 어떻게 변화했는지 알잖는가.

　제헌국회는 '헌법'이 정해지자 서둘러 헌법에 따른 정·부통령 선거를 실시했다. 이승만의 강력한 주장에 힘입어 대통령제를 채택한 제헌헌법은 제4장에 '정부'에 관한 조항을 담았는데, 제53조에 정·부통령 선거에 관해 규정해 놓았다.

"대통령과 부통령은 국회에서 무기명투표로써 각각 선거한다. 전항의 선거는 재적의원 3분지 2 이상의 출석과 출석의원 3분지 2 이상의 찬성 투표로써 당선을 결정한다. 단, 3분지 2 이상의 득표자가 없는 때에는 2차 투표를 행한다. 2차 투표에도 3분지 2 이상의 득표자가 없는 때에는 최고 득표자 2인에 대하여 결선투표를 행하여 다수 득표자를 당선자로 한다. 대통령과 부통령은 국무총리 또는 국회의원을 겸하지 못한다."

지금처럼 국민의 직접선거로 대통령을 뽑는 게 아니라 국민의 대표인 국회가 국민을 대신해서 선출하는 간접선거 방식이었다.

사실 제헌헌법을 제정하면서 대통령제냐 내각제냐를 놓고 논쟁이 심했다. 애초 제출된 주된 참고안인 유진오 헌법안은 대통령은 상징적인 국가원수이고, 의회에서 선출하는 국무총리가 실권을 행사하는 내각책임제였다. 많은 제헌의원이 지지하는 안이었다.

그런데 미국에서 오랫동안 독립운동을 해온 이승만 국회의장은 미국과 같은 대통령 중심제에 큰 매력을 느꼈다. 아마도 자신이 출마하면 국무총리든 대통령이든 따 놓은 당상이라는 자신감이 있었을 테고, 이왕 최고 권력자가 된다면 사사건건 간섭이 많은 내각제보다 막강한 권력을 갖는 대통령제에 더 끌렸을 테다.

결국 제헌의회는 이승만의 강력한 주장에 따라 내각제 대신 4년 임기에 1회 중임이 가능한 미국식 정·부통령제로 정했다. 대신 내각제 주장파의 의견을 수렴한 타협책으로 국무총리제를 도입했다. 지금은 부통령이 없고 국무총리가 정부의 2인자 역할을 하지만 그때는 대통령, 부통령, 국무총리가 모두 있었다.

그렇다면 자연스럽게 부통령과 국무총리의 업무는 무엇이 다른지가 궁금해진다. 간단하게 설명하면, 부통령은 대통령의 사고로 인해 직무를 수행할 수 없을 때 권한을 대행하는 역할에 머문다. 하지만 국무총리는 대통령을 보좌하고 국무회의 부의장을 맡는다. 이를테면, 내각을 총괄하는 자리다.

1948년 7월 20일, 제헌의회 본회의장.

제헌국회가 막 제정한 '헌법'에 따라 국회에서 정·부통령 선거를 실시하는 날이다. 지금처럼 따로 각 정당의 공천을 받아 입후보하는 방식이 아니라 교황을 선출하는 콘클라베(Conclave)와 비슷한 방식이었다. 입후보자가 따로 없고, 국회의원 각자가 대통령이 되었으면 하는 사람의 이름을 투표용지에 적는 방식이었다. 2025년 5월, 프란치스코 교황의 서거로 새 교황 레오 14세가 선출되는 과정에서 선출 방식인 '콘클라베'가 전 세계인의 관심사가 되지 않았는가. 때마침 영화 〈콘클라베〉도 개봉해 관심도를 더 끌어올리기도 했다.

아무튼 국회의사당 주변에서는 이미 자천타천 각 정당의 후보 이름이 거론되고 있었다. 당시 제헌국회는 대한독립촉성국민회, 한국민주당, 그리고 한국독립당계를 중심으로 한 무소속 의원들 등 3대 파벌이 주도하고 있었다. 당연히 대통령과 부통령 후보도 이들 파벌을 중심으로 거론되었다. 그럼에도 대한독립촉성국민회와 국회의장이란 뒷배경을 가진 이승만이 가장 유력한 후보였다. 한국독립당의 김구 당수나 서재필 박사를 부통령으로 거론하는 인사들이 있었지만, 본인들의 적극 고사로 없던 일이 되었다.

어쨌거나 이승만이 유일하게 대통령 출마 의사를 밝혔던 터여서, 사람들의 관심은 부통령과 국무총리에 가 있었다.

투표가 시작되자 의원들은 투표용지에 각자 자기가 지지하는 후보의 이름을 적었다. 투표자는 두 명이 빠진 모두 198명이었다. 자신이 당선될 것임을 확신한 이승만은 개시 선언만 한 후 의장석을 김동원 부의장에게 넘기고 의사당을 빠져나갔고, 정확한 이유가 밝혀지지 않은 최봉식 의원이 불참했다.

　　투표가 끝나자, 감표위원이 한 표 한 표를 큰 소리로 읽었다. 그도 그럴 것이 입후보자 이름이 있는 게 아니라 자기가 지지하는 사람을 적은 것이기 때문이다. 감표위원이 이름을 부르면 큰 게시판에 후보자의 득표수를 한 획 한 획 그려 바를 정(正) 자를 완성해 가는 방식으로 진행됐다. 바를 정 자는 모두 다섯 획이어서 나중에 그 숫자를 세어 곱하기 5를 하면 쉽게 전체 득표수를 알 수 있다.

　　결과는 뻔했다. 이승만 국회의장이 180표를 얻어 압도적인 지지로 당선되었다. 이어 김구 13표, 안재홍 2표, 서재필 1표, 무효 1표로 집계됐다.

　　사실 관심이 더 집중된 부통령 선거에서는 2차 결선투표까지 갔는데, 이시영이 133표로 초대 부통령으로 당선되었다. 1차 투표에서 이시영 113표, 김구 65표, 조만식 10표, 오세창 5표, 장택상 3표, 서상일 1표를 얻어 과반 득표자가 없어 2차 투표를 했다. 그 결과 이시영 133표, 김구 62표, 이귀수 1표, 무효 1표가 나왔다. 특히 김구의 표가 적었던 것은 출마 의사가 없음에도 본인 의사와 무관하게 진행된 결과가 아닌가 싶다.

　　이러한 과정을 거쳐 대통령이 된 이승만은 더 이상 국호 문제에 관심을 두지 않았다. 더군다나 북쪽에 조선민주주의인민공화국이 들어서며 '대한'과 가장 강력하게 경쟁하던 국호 후보 '조선'이 이미 북한에 의해 선점된 상황이라 달리 대안을 만들어내기도 쉽지 않았을 것 같다. 물론 '고려'와 같은 제3의 국호 후보도 있었지만, 관심 밖으로 밀려나 있었다.

31 | '조선'을 사용하지 못한다고 한 국무원 고시 제7호를 게재한 관보.

이런 상황에서 이승만 정부는 1950년 1월 16일 국무원 제7호 고시를 통해 '국호 및 일부 지명과 지도 색 사용에 관한 건'을 공포한다.

1. 우리나라의 정식 국호는 '대한민국'이나 사용의 편의상 '대한' 또는 '한국'이란 약칭을 쓸 수 있되 북한 괴뢰정권과의 확연한 구별을 짓기 위하

여 '조선'은 사용하지 못한다.

2. '조선'은 지명으로도 사용하지 못하고, '조선해협', '동조선만', '서조선만' 등은 각각 '대한해협', '동한만', '서한만' 등으로 고쳐 부른다.

3. 정치 구분 지도에 있어서 우리나라의 색은 녹색으로 하고 붉은색은 사용하지 못하며 우리나라의 색을 뚜렷하게 나타내기 위하여 이웃의 중국은 황색, 일본은 분홍색, 소련은 보라색으로 한다.

이 같은 국무원 고시가 나온 배경은 아무래도 8월 15일 남한의 '대한민국'에 이어 9월 9일 북한에 '조선민주주의인민공화국'이 수립됐기 때문으로 보인다. 북한의 국호 제정 과정에 대해서는 뒤에서 따로 살펴보겠지만, 남북한이 나름 체제 경쟁을 벌이는 상황에서 국호 역시 제정되지 않았나 싶다.

특히 남한의 이승만 정부가 고시를 통해 '조선'이란 명칭을 사용하지 못하게 못 박은 것은 남한에서 북한의 국호인 '조선'이 통용될 때 생길 수 있는 혼란을 감안한 조치로 추측된다.

오죽하면 1950년 8월 전시내각 공보처장 김활란이 〈조선일보〉의 '조선'이란 제호도 바꿔야 한다는 주장까지 내놓았다. 국무회의에서 격론까지 벌이며 논의한 결과 이승만 대통령에게 결정을 위임했다. 그러자 이승만 대통령은 일제 때부터 사용한 고유명사란 이유를 들어 그대로 두게 했단다.

여기서 '국호'와 얽힌 재밌는 에피소드 하나 소개하고 가자. 보성전문학교가 왜 학교 이름을 '고려대학교'로 바꾸었는지 그 사연을 아는가. 배경은 당시 정치 거물이었던 김성수의 오판(?)에서 비롯된 게 아닌가 싶다. 김성수는 경영난을 겪어오던 '보성전문학교'를 인수한 인물로, 이승만의 대한독립촉성회와 쌍벽을 이루던 우파 정당 한국민주당을 이끌었다.

김성수의 최측근으로 고려대 총장을 지낸 유진오의 회고에 따르면, 1946년 8월 보성전문학교가 종합대학으로 승격될 때 학교 이름을 놓고 설왕설래가 있었다고 한다.

'보성대학교'를 비롯하여 '조선'이나 '안암(보성전문학교가 있던 곳의 지명)' 등도 학교 이름 후보에 올랐다고 한다. 하지만 최종 결정은 김성수가 선택한 '고려'였다.

김성수가 학교 이름을 '고려'로 선택한 데는 나름 우리나라를 대표하는 민족대학에 걸맞은 이름이 되어야 한다는 인식이 행간에 담겨 있다고 한다.

사실 '조선'이나 '한국'은 역사상 수모를 당한 나라의 이름이라 싫었고, '고려' 역시 여진이나 몽골의 시달림이 있었지만 '고구려'의 영광을 계승한다는 의미와 우리나라 국호의 외국어 명칭 'Korea(또는 Corea, Corée)'도 '고려'의 음표기라는 점을 반영했다고 했다.

이 같은 점을 생각해 보면 김성수는 국호를 '고려'로 정해야 한다는 당위에서 학교 이름을 선택한 게 아닌가 싶다. '우리나라를 대표하는 민족대학'이라면 학교 이름 역시 국호를 그대로 써야 정체성이 맞아떨어지기 때문이다.

특히 국호를 정할 때 한국민주당 인사들이 유독 '고려'를 주장한 것도 이 같은 인식의 결과가 아닌가 싶다.

국호가 이미 '대한민국'으로 결정이 났음에도 고려대 초대 총장인 사학자 현상윤이 김성수가 사주인 〈동아일보〉에 '고려민국'을 주장하는 칼럼을 실은 것도 이와 무관하지 않은 것으로 보인다.

현상윤은 1947년 6월 23일 자 '헌법제정과 나의 의견'이란 제목의 기고에서 국호가 '대한'이 되어서는 안 되는 이유를 세 가지 들었다. 대한이라는 명칭이 조선 역사에서 불린 건 불과 13년 동안의 일이고, 일한합병의 치욕스러운 이름일 뿐만 아니라, 대한의 '대' 자가 제국주의적 사상을 본떠 지은 이름이라는 이유였다. 그러면서 현상윤은 두 가지 이유를 들어 '고려'를 주장했다. 고려는 세계인이 통칭하는 우리나라 지명에 일치하고, 500년간 통일국가였던 왕씨 고려와 한(漢)민족과 패(覇)를 다투던 동양사상의 영웅적 존재였던 고구려를 인용한 것으로 국민의 명예와 이상에 일치한다는 것이었다.

'조선민주주의 인민공화국'은 어떻게 북한의 국호가 되었나

2024년 11월 6일, 유엔총회 제4위원회장.

특별정치와 탈식민 문제를 다루는 유엔총회 제4위원회 회의장에서 난데없이 남북이 국호를 놓고 설전을 벌였다. 김인철 유엔주재북한대표부 참사관이 대한민국에 주둔 중인 '유엔군사령부'가 '유엔'이라는 명칭을 불법으로 사용하고 있다고 지적한 것이다.

그러자 대한민국 유엔주재한국대사관 정재혁 1등 서기관이 반박 발언에 나서면서 공방이 시작됐다. 유엔총회 위원회 회의는 주제 발언을 하면서 상대국이 언급되면 그 상대국은 '반박권(Right of Reply)'을 행사할 수 있다. 정 서기관의 반박은 이 같은 권리에 따른 것이었다.

그런데 문제는 엉뚱한 데서 일어났다. 정 서기관이 발언하면서 북한을 '노스 코리아(North Korea)'라고 불렀던 거다. 사실 유엔에서 우리가 'ROK(Republic Of Korea)'를 국호로 사용하듯 북한도 '조선민주주의인민공화국'의 영문인 'DPRK(Democratic People's Republic of Korea)'를 공식 국호로 사용한다.

이런 상황이 벌어지자 위원장은 '포인트 오브 오더(point of order, 절차에 어긋날 때 행사할 수 있는 발언 중단 요청)'가 요청됐다면서 정 서기관의 발언을 중단시켰다. 이전에도 '노스 코리아' 문제로 설전이 일어나긴 했지만 '국호' 호칭 문제를 두고 일어난 이날의 해프닝은 요즘 남북 관계를 생각하면 남다르게 다가왔다.

광복된 지 80년이 흘렀어도 남과 북의 국호 문제는 여전히 '뜨거운 감자'이다. 앞에서 보았듯 1950년 국무원 고시 7호가 발표될 만큼 북한의 국호는 우리에게 무척 예민한 문제였잖은가.

도대체 북한의 국호가 어떻게 제정되었길래 이승만 정권에게 큰 부담이었을까. 이왕 이야기가 나온 김에 북한의 국호 제정에 대해서도 짚어보는 게 좋을 듯싶다. 아마 북한의 국호도 따로 책 한 권을 쓸 만큼의 내용이 있을 것이다. 하지만 여기서는 대한민국 국호 제정의 과정처럼 상세하게 다룰 생각은 없다. 간략하게 짚어보겠다.

알다시피, 일제의 항복은 삼팔선을 사이에 두고 한반도를 남과 북으로 나뉘게 만들었다. 삼팔선 이남에서 단독정부 수립에 들어가 1948년 8월 15일 '대한민국' 정부를 세웠다. 그러면 삼팔선 이북에서는 어떤 이름을 가진 나라가 세워졌을까.

앞에서 살펴보았듯 삼팔선 이남에서 정부가 수립되는 동안 이북에서도 정부를 수립하는 절차가 진행됐다.

애초 소련군은 미군과 달리 건국준비위원회의 지방 조직을 인정하면서 행정권을 이양했다. 그러면서 1945년 9월 소련은 '친소적 정부 수립'에 최우선의 방점이 찍힌 점령 정책의 기본 방침을 정한다.

그러는 가운데 9월 19일 대일항쟁기 때 보천보 전투(1937년)와 훙치허 전투

(1940년)로 전국적인 명성을 얻은 김일성이 원산으로 들어온다. 소련군 대위 군복을 입은 김일성은 10월 14일 평양 공설운동장에서 열린 '김일성 장군 환영 평양시민대회'에서 북한 정치무대에 공식 데뷔한다.

김일성은 10월에 조선공산당 북조선분국을 조직하고 제1책임 비서가 된다. 조선공산당 북조선분국은 이후 1946년 초에 '북조선공산당'으로 불렸고, 1946년 8월 (북)조선신민당과 합당하면서 북조선노동당이 되었다.

1946년부터 북한은 정부 형태를 갖춰나가는 작업에 박차를 가했다. 김구를 비롯한 뜻있는 인사들의 통일정부 수립을 위한 노력에 대해 앞서 살펴보았지만 효과는 미미했던 게 사실이었다.

더욱이 민주적 통일정부 수립에 책임이 있는 미소공동위원회는 되레 신탁통치를 들고나오면서 혼란한 해방 정국을 더 혼란스럽게 만드는 꼴이 되었다.

1946년 2월 8일 김일성을 중심으로 하여 북조선임시인민위원회가 발족된다. 북조선임시인민위원회는 실질적 국가 최고기관 역할을 맡았다. 행정책임자들의 참여로 내각의 성격을 가지는 한편 정당 대표들이 참가하는 연합(통일전선조직) 성격도 지니고 있었다.

이러는 가운데 1946년 6월 3일 남한 단독정부 수립 계획이 발표되자 북한 역시 각 정당과 사회단체가 모여 '북조선민주주의민족통일전선'을 결성한다. 그리고 1946년 11월 3일부터 1947년 3월 5일까지 약 4개월간 각급 인민위원회 선거가 실시되었다. 선거를 통해 정당성을 확보한 북조선임시인민위원회는 1947년 2월 '임시'라는 꼬리표를 떼고 '북조선인민위원회'로 출범하게 되었다.

이렇게 정부 형태를 조직하면서 북조선인민위원회가 가장 먼저 한 일은 헌법인 '조선임시헌법제정위원회'를 구성하는 것이었다. 헌법을 제정하면서 당연히 국호 역시 어떻게 할 것인지를 놓고 고민할 수밖에 없었다.

경남대학교 극동문제연구소 객원연구위원이었던 박영실의 논문 〈조선민주주의인민공화국 국호 제정 과정 연구〉에 따르면, 6월 14일 김일성이 북조선 민전 산하 각 정당 사회단체 열성자 대회 연설에서 '조선민주주의인민공화국'으로 선포되어야 한다며 국호를 입에 올렸다고 한다.

김일성의 이 같은 언급이 정권 수립을 위한 헌법제정 등 구체적인 로드맵에 따라 이루어진 것으로 본다면 '조선민주주의인민공화국' 정부를 세워야 한다는 말은 의미심장하다.

7월 3일 미소공동위원회 결의 5호와 6호에 대한 답변서를 보내면서 북조선노동당 중앙위원회는 임시정부의 일반적 형태와 성격을 이렇게 제시한다.

"조선은 민주주의 인민공화국으로 선포되어야 하며 따라서 수립할 임시정부는 이에 부합되는 민주주의적 정권 형태여야 한다."[심지연의 저서《미·소공동위원회 연구》의 '쏘-미공동위원회 공동결의 제5호-조선임시정부 급 지방정치기구의 구성 급 원칙(임시헌장)에 관한 북조선노동당 해답서']

11월 18일부터 이틀간 열린 '북조선인민회의' 3차 회의는 남한의 임시헌법 발표에 대응해 '조선임시헌법'을 제정해야 한다고 주장했다. 북조선인민회의 김두봉 의장은 특히 남한에서 이미 임시헌법과 각종 법령을 발표했기 때문에 전 조선에서 사용할 '조선인민헌법'을 제정해야 한다는 이유를 들었다. 그러면서 이 회의는 '조선임시헌법제정위원회'를 조직하는 것으로 결론을 내렸다.

이후 헌법에 관한 논의는 1948년 2월 7일까지 조선임시헌법제정위원회에서 이루어졌는데, 이들은 2월 10일 헌법 초안을 발표하기에 이른다. 그러면서 '인민 토의'에 부쳤고, 4월 28일 북조선인민회의 특별회의를 열어 수렴된 의견을 반영한다. 이때 김두봉 의장이 국호에서 '인민공화국'과 '민주주의인민공화국' 사이에 큰 차이가 없고 많은 인민에게 보편화된 '민주주의인민공화국'으로 하자고 제의했단다.

이런 점에 비추어 볼 때 1947년 6월 14일 김일성이 연설에서 '조선민주주의인민공화국'으로 선포되어야 한다고 했고, 이후 논의 과정에서 나온 이와 같은 언급들로 볼 때 북한은 '조선'이란 이름에다 '민주주의인민공화국'이란 정체를 담은 국호를 어느 정도 정한 것으로 보인다.

2023년 7월 9일 자 〈노동신문〉의 '빛나는 국호 - 조선민주주의인민공화국'이라는 글을 보면, 이 국호는 1946년 8월부터 세상에 알려졌다고 한다. 사실 이때까지만 해도 국호 '조선민주주의인민공화국'에 대해 못마땅하게 생각하는 사람들이 있었다고 한다. 국호를 '동진제국'이나 '대한제국'으로 주장하는 사람들은 국호가 '조선민주주의인민공화국'으로 제시되자 이런 말로 반대했다고 한다.

"조선이라는 말 아래 무슨 글자가 아홉 자씩이나 달렸는가. 국호가 너무 길다"라느니, "외국에서는 나라 이름을 그렇게 짓지 않았다"라느니, "'인민공화국'으로 하든가 아니면 '인민'이라는 말을 빼고 '민주주의공화국'으로 해도 되지 않느냐"라는 볼멘소리를 했단다.

하지만 이 신문은 김일성이 "우리 공화국의 자주적 성격과 참다운 민주주의적이며 인민적인 성격 그리고 우리나라 혁명의 근본 목적과 당면 임무에 기초"하여 '조선민주주의인민공화국'이라 명시했다고 한다. "인민의 의사와 이익을 국가건설의 근본 지침"으로 삼은 이 국호는 "전체 조선 인민의 전폭적인 지지 찬동"을 받았다고 한다.

그러면서 이 신문은 '조선'에는 "예로부터 해 솟는 아침의 나라라고 하여 조선이라 불리우던 우리나라의 반만년의 유구한 역사와 함께 처음으로 자주독립국가의 존엄을 지닌 새 조선이라는 의미"가 담겨 있다고 했다.

물론 국호 제정 과정에서 소련 군정의 역할이 전혀 없었던 것은 아니다. 1947년 말부터 '조선민주주의인민공화국'이라는 국호에 대해 모스크바에서 파견된 법률 전문가들에게 동유럽 위성국가들의 경우를 참고해 검토하라는 지시가 있었다고 한다. 아마도 이런 점에서 북한의 국호가 동유럽의 신생국가들이 '인민'과 '민주주의'라는 용어를 국호로 사용한 것과 비슷한 모습을 띤 것으로 보인다.

이렇게 북한도 따로 국호를 정하고 1948년 남한의 '대한민국' 정부 수립 직후인 9월 9일 '조선민주주의인민공화국'을 세운다. 한반도에 체제가 다른 두 나라가 '분단'이라는 멍에를 머리에 얹고 들어섰다. 그리고 그 분단은 지금도 이어지고 있다.

그런데 최근 들어 남북 관계가 틀어지면서 특히 국호 문제에서 '분단'의 고착화가 더 심해지는 게 아닌가 하는 의구심이 든다.

북한은 2020년 말부터 남과 북을 '적대적인 두 국가'로 규정했다. 그러면서 남한에 대한 국호 호칭을 'ROK'나 전체 이름인 '대한민국'이라고 부르기 시작했다. 얼핏 보기에 북한이 남한의 국호를 제대로 부르는 게 당연하고, 이제라도 그렇게 대우하는 게 바람직하지 않냐고 할지 모르겠다.

겉보기에는 나쁘지 않다. 하지만 그 행간에는 엄청난 의미가 숨겨져 있다. 일제가 우리와 조약을 맺을 때 그토록 '자주국'이란 표현을 넣으려고 고집했던 이유를 혹시 아시는가. 이는 청나라의 간섭으로부터 완전히 분리해 조선을 자기 손아귀에 편하게 넣으려는 속셈이었다. 자주국인 조선의 결정은 청나라 의견과 관계없이 그 자체로 존중해야 한다며 조선을 압박했고, 그렇게 맺은 조약은 청나라 의견과 무관하게 효력이 있다는 논리다.

북한의 남한 국호 제대로 부르기도 이제 '통일'과 같은 망상은 버리고 서로 다른 나라로 살자는 의미가 담겨 있는 것은 아닐까.

사실 북한은 최근 조선노동당 당규약 서문을 개정해 "조국 통일을 앞당기기 위해 적극 투쟁해야 한다"는 당원 의무 규정을 없애는가 하면 통일을 의미하는 문구를 수정했다. 이 같은 움직임으로 볼 때 언젠가 통일해야 하는 같은 민족이라는 개념을 없애고 대신 각각 다른 나라로 살아야 한다는 의미를 담은 게 아닌가 싶기도 하다.

남과 북은 그동안 국호를 제대로 불러준 적이 거의 없다고 해도 지나친 말이 아니다. 남쪽은 대한민국(Republic of Korea, ROK), 북쪽은 조선민주주의인민공화국(Democratic People's Republic of Korea, DPRK)이 정식 국호다. 그럼에도 정식 국호 대신 다른 명칭을 사용해 왔다. 남의 대한민국에서는 '남한과 북한', 북의 조선민주주의인민공화국에서는 '조선과 남조선'이라 불렀다. 남과 북의 용어 선택에도 큰 차이가 있다. 남은 '한'을, 북은 '조선'을 사용한다는 점이다. 이는 앞에서 대한민국 국호 제정할 때 이야기했던 '우대한 좌조선'이라는 이데올로기적 의미를 상징한다.

이렇게 우리 한반도에는 체제가 서로 다른 두 개의 국호가 존재한다. 앞으로 이 두 국호를 하나로 합칠 것인지 아니면 그대로 존속할 것인지는 우리의 노력에 달려 있음을 잊지 말아야 한다.

2

'대한'의 뿌리를 찾아서

'조선'에서
'대한제국'으로

1897년 10월 12일, 환구단.

"고유제를 지냈으니, 황제의 자리에 오르소서."

제사의 예가 끝나자, 의정부 의정 대신(영의정, 국무총리 격) 심순택(沈舜澤)이 백관을 거느리고 아뢰었다. 여기서 제사는 천지에 알리는 예였다. 그럼, 천지에 무엇을 알렸을까. 그렇다. 조선의 26대 왕 고종이 '칭제건원'을 하겠다는 거다.

알다시피 칭제건원(稱帝建元)은 군주를 '황제'라 칭하고 '연호'를 세우는 것을 말한다. 그렇다면 고종이 황제가 되고, 독자 연호도 세우겠다는 의미다. 다시 말해 그동안 중국과의 조공 관계를 끝내고 대등한 나라로 선다는 의미 아니겠는가.

특히 군주국가에서 군주가 자기의 치세연차(治世年次)에 붙이는 칭호를 가리키는 왕실 용어인 연호(年號)를 세우겠다는 것은 특별한 의미를 지닌다. 조선은 그동안 명나라의 제후국을 자처해 연호를 사용하지 않았다.

32 | 1897년 10월 고종의 황제 즉위식이 열렸던 환구단.

아무튼 고종은 심순택이 황제 자리에 오르라 하자 신하들의 부축을 받으며 단에 올라 금으로 장식한 의자에 앉았다. 다시 심순택이 나아가 십이장곤면(十二章袞冕, 12개의 무늬가 들어간 곤룡포와 면류관)을 올리고 성상께 입혀드렸다. 이어 옥새를 올렸다. 그러자 고종은 두세 번 사양했다. 그럼에도 계속 올리자, 고종은 '마지못해' 옥새를 받고 황제의 자리에 올랐다.

사실 고종은 이날 황제 즉위식을 위해 갖은 정성을 다했다. 하루 전인 11일, 고종은 왕태자를 데리고 진전(眞殿, 어진을 봉안하는 건물)에 나아갔다. 곧 있을 중요한 일을 앞두고 선왕들에 대한 예를 갖추기 위함이었다. 고종은 태자와 함께 어진을 향해 사배(四拜, 네 번 절함)를 올렸다.

그리고 나서 고종은 환구단으로 가서 다음날 제사에 쓰일 희생(犧牲) 제물과 제기(祭器)를 살펴본 다음 그곳에서 밤을 지냈다. 이 제사가 얼마나 중요한지 고종은 잘 알고 있었다. 우리에게 '무능한 왕'의 이미지가 덧씌워진 고종이 손

1 '조선'에서 '대한제국'으로

수 챙긴 제사가 아니던가.

그간 조선의 왕은 제후국의 왕이라 토지와 곡식의 신인 사직단에 제를 올렸다. 그런데 이번에는 사정이 다르다. 하늘에 직접 제사를 지낸다. 제단도 다르다. '천원지방(天圓地方, 하늘은 둥글고 땅은 평평함)'의 원리에 따라 지은 환구단(圜丘壇)이다.

푸른색의 황제 복식을 갖추고, 웅장한 분위기의 제단 위에 오른 고종은 정성껏 하늘에 제사를 지냈다. 고종의 표정은 그 어느 때보다 진지했고, 존경과 감사를 담은 신성한 분위기가 환구단을 감쌌다.

이렇게 조선은 군주국에서 위상이 한 단계 높아진 황제국이 되었다. 그동안 조선은 청나라와 사대관계 속에서 청나라에 조공을 바치는 제후국의 지위에 있었다. 하지만 이제 조선은 청나라와 대등한 위상을 가진 황제국이 되었다.

이날 행사 장면을 자세히 보도한 신문이 있었다. 〈독립신문〉이다. '황제 즉위식 - 그날의 모습'이라는 제목의 1897년 10월 14일 자 기사를 보면 그날의 분위기를 느낄 수 있어서 길지만 전문을 인용한다. 이 기사는 11일부터 13일까지 사흘에 걸친 행사를 자세하게 보도하고 있다.

"11일 오후 2시 반 경운궁에서 시작하여 환구단까지 길가 좌우로 각 대대 군사들이 질서 정연하게 섰으며, 순검들도 몇백 명이 틈틈이 질서 정연히 벌려서 황국의 위엄을 나타냈다. 좌우로 휘장을 쳐 잡인 왕래를 금하였고, 조선 옛적에 쓰던 의장용 물건들을 고쳐 황색으로 만들어 호위하게 하였다. 시위대 군사들이 어가를 호위하고 지나갈 때에는 위엄이 웅장하고 총 끝에 꽂힌 창들이 석양에 빛나더라. 육군장관들은 금수로 장식한 모자와 복장을 하였고, 허리에는 은빛 같은 군도를 금줄로 허리에 찼다. 또 그중에 옛 풍속으로 조선 군복을 입은 관원들도 더러 있었으며, 금관 조복한 관인들도 많이 있었다. 어가 앞에는 대황제 폐하의 태극 국기가 먼저 지나갔고, 대황제 폐하께서는 황룡포에 면류관을 쓰시고 금으로 채색한 연을 타시고, 그 뒤에 황태자 전하께서도 홍룡포를 입으시고 면류관을 쓰시며 붉은 연을 타고 지나갔다. 어가가 환구단에 이르자 제향에 쓸 각색 물건을 친히 둘러보고 오후 4시쯤 환어하였다.

　11일 밤 장안의 사가와 각 전에서는 등불을 밝게 달아 길들이 낮과 같이 밝으며, 가을 달 또한 밝은 빛을 검정 구름 틈으로 내려 비추었다. 집집마다 태극 국기를 높이 걸어 인민의 애국심을 표하며, 각 대대 병정들과 각처 순검들이 규칙 있고 예절 있게 파수하여 분란이 일어나거나 비상한 일이 없으며, 길에 다니는 사람들도 얼굴에 기꺼운 빛이 나타나더라. 12일 새벽에 공교롭게 비가 와서 의복들이 젖고 찬 기운이 성하였다. 그러나 국가의 경사를 즐거워하는 마음이 다 크므로 여간 젖은 옷과 추위를 생각지들 아니하고 질서 정연히 사람마다 당한 직무를 착실히 하였다.

　12일 오전 2시에 다시 우의를 베푸시고 황단에 임하셔서 하나님께 제사하시고 황제의 지위에 나아가심을 고하시고 오전 4시 반에 환어하셨으며, 동일 정오 12시에 만조백관이 예복을 갖추고 경운궁에 나아가 대황제 폐하, 황태후 폐하, 황태자 전하, 황태비 전하께 크게 하례를 올리니 백관이 즐거워들 하더라.

　13일에 폐하께서 각국 사신을 청하셔서 황제 지위에 나아가심을 선고하시고 각국 사신들이 다 하례를 올리더라. 이왕 신문에도 한 말이거니와 세계에 조선 대황제 폐하보다 더 높은 임금이 없고 조선 신민보다 더 높은 신민이 세계에 없으니 조선 신민이 되어 지금부터 더 열심히 나라 위엄과 권리와 영광과 명예를 더 아끼고 더 돋우어 세계에 제일등국 대접을 받을 도리들을 하는 것이 대황제 폐하를 위하여 정성 있는 것을 보이는 것이요, 동포 형제에게 정의 있는 것을 나타내는 것이며, 세계에 났던 장부의 사업이라. 구습과 잡심을 다 들 버리고 문명 진보하는 애국·애민하는 의리를 밝히는 백성들이 관민 간에 다 되기를 우리는 간절히 비노라."

〈독립신문〉에는 '황제 즉위식에 대한 논평'도 실려 있다.

"광무 원년 10월 12일은 조선 역사에서 몇만 년을 지내더라도 제일 빛나고 영화로운 날이 될지라. 조선이 몇천 년을 왕국으로 지내어 가끔 청국에 속하여 속국 대접을 받고 청국에 종이 되어 지낸 때가 많이 있더니, 하나님이 도우시어 조선을 자주독립국으로 만드셔서 이달 12일에 대군주 폐하께서 조선 역사 이후 처음으로 대황제 지위에 나아가시고 그날부터는 조선이 다만 자주독립국뿐이 아니라 자주독립한 대황제국이 되었다. 나라가 이렇게 영광이 된 것을 어찌 조선 인민이 되어 하느님을 대하여 감격한 생각이 아니 나리요."

황현의 《매천야록》에도 고종의 황제 즉위식 후의 소감이 실려 있다.

"짐이 덕이 없어 왕에 오른 지 34년 동안 많은 어려움을 겪고 있다가 결국 옛날에는 없었던 변을 당하였다. 그리고 정치도 짐의 뜻대로 되지 않아 눈에 근심이 가득하였고, 늘 혼자 생각할 때는 등에서 땀이 줄줄 흘렀다. 그러나 지금 막대한 의식으로 걸맞지도 않은 제위(帝位)에 올리기 위해 여러 신하가 소장

33 | 1897년 국호를 조선에서 대한제국으로 바꾼 뒤 황제 즉위식을 마친 고종의 어가 행렬.

을 올려 간청하였고, 대신들도 글을 올려 간청하고 있으며, 6군(軍)과 모든 백성도 합문(閤門) 밖에 엎드려 간청하고 있으니 상하가 서로 고집만 피우고 있으면 그칠 날이 없으므로 그 대동단결한 여론을 끝까지 물리칠 수 없어 오랜 시일 동안 상의한 끝에 부득이 여론을 따르기로 결심하였다. 그러나 이런 커다란 행사는 예의를 참작하여 알맞게 시행해야 할 것이다."

고종의 '칭제건원', 그 속뜻은?

1895년 10월 8일 새벽, 경복궁 건청궁 옥호루 곤녕합.

일본 공사 미우라 고로(三浦梧樓)의 지휘 아래 일본군과 낭인들이 경복궁에 들이닥쳤다. '여우 사냥' 작전을 펴기 위해서였다. '여우 사냥' 작전은 일제가 조선 강제 합병의 걸림돌을 제거하는 것이었다.

그럼, 일제가 생각하는 조선 강제 합병의 걸림돌은 무엇이었을까. 그때까지만 해도 청나라였다. 조선은 청나라와 조공 관계에 있었던 터여서 늘 청나라의 그늘에 있었다. 일제가 조선과 조약을 체결하기라도 하면 당연히 청나라의 '허락'이 있어야 비로소 그 효력이 발생했다.

그런데 이제는 상황이 달라졌다. 1894년 일제가 청나라와 전쟁을 벌여서 이기지 않았는가. 청일전쟁의 결과에 따라 조선은 이제 골치 아픈 후견인 청나라의 간섭에 벗어나 '자주국'이 되었다. 조선도 이제 혼자서 모든 일을 처리할 수 있도록, 일제가 의도하여 그렇게 만든 것이다.

이런 상황에서 눈엣가시 같은 존재가 있었으니, 바로 중전 민씨였다. 갑신정변 때 청나라 군대를 불러들여 일본군에 맞서게 했던 데서 알 수 있듯 중전 민씨는 누가 보다라도 '친청파'였다.

중전 민씨는 고종의 대일정책에 대해 반대 의사를 표시할 수 있고, 나아가 훼방을 놓을 수도 있는 위치에 있었다. 그런데 청나라가 이젠 후견인 노릇을 할 수 없잖은가. 그런데도 중전 민씨가 걸림돌이라고? 그랬다. 중전 민씨는 청나라의 그늘에서 벗어나자 다른 대안을 찾았다. 바로 러시아였다.

청나라에 머물다 서울로 들어온 러시아 외교관 칼 베베르(Karl Waber, 1841~1910년)가 특유의 친화력으로 궁중 사람들과 교류했다. 중전 민씨에게까지 접근했음은 물론이다. 그러면서 조선 조정에 친러파를 만들었고, 한러수호통항조약까지 체결하는 수완을 보였다. 더욱이 러시아는 이범진(李範晉)이나 이완용 같은 관리들과 손잡고 '인아거일책(引俄拒日策)', 즉 러시아를 끌어들여 일제를 제거한다는 정책을 추진한다. 이렇게 하여 친러파 내각을 조직한다.

이런 상황에 내몰리자, 일제는 위기의식을 느껴 이노우에 가오루(井上馨) 공사를 소환하고는 군 출신의 미우라 고로를 공사로 파견해 세력 만회를 노렸다.

일제는 러시아와 악연이 있었다. 청일전쟁 강화 조약인 시모노세키조약으로 다 먹게 된 랴오둥반도를 '삼국간섭'에 의해 청에 되돌려 주어야 했었다. 프랑스, 독일과 함께 되돌려 주도록 '간섭'한 나라가 바로 '러시아'였다.

34 | 명성황후 시해 사건을 다룬 1895년 10월 27일 자 프랑스 〈Le Journal Illustré〉 지.

이때 일제는 러시아의 힘을 똑똑히 확인했다. 그렇다면 '정한론(한반도를 점령한다는 논리)'을 실행하기 위해서는 러시아와 조선의 관계를 정리하는 게 급선무였다. 그렇다면 조선의 친러시아화를 막아야 하고, 그 중심에 있는 '중전 민씨'의 제거가 필요조건으로 떠올랐다.

이노우에 대신 부임한 미우라 공사는 '염불공사'라는 별명으로 통했다. 집안에 들어앉아 염불만 외웠다고 해서 붙여진 별명이다. 그의 이 같은 태도는 순전히 자신의 임무를 숨기기 위한 계략이었다. 미우라는 특유의 이중성을 숨기고 선물 공세에다 차관 제공이라는 거짓말로 중전 민씨를 안심시켰다. 하지만 그 속내에는 중전 민씨를 제거하겠다는 목표가 숨어 있었다.

이런 상황에서 이날 새벽에 미우라 공사는 경복궁에 일본 군대와 사무라이 출신 낭인들을 들여보냈다. 당초 거사 계획은 10월 10일이었다고 한다. 하지만 고종의 급작스러운 훈련대 해산으로 이틀 앞당겨졌다.

이날 새벽 4시 무렵, 경복궁을 급습하자 궁중은 난리가 났다. 고종은 이 소란을 진압하기 위해 급하게 미국과 러시아 공사관에 이범진을 보내 도움을 요청한다. 하지만 의도하고 덤비는 공격자를 전혀 눈치채지 못한 상태에서 대응하는 수비자와의 싸움은 이미 결판난 것이나 다름없었다.

그런데 예상치 못했던 상황이 또 일어났다. 흥선대원군이 등장한 것이다. 역사에서는 대원군이 공모했다고 본다. 1895년 8월 19일 자 《고종실록》을 보면 "일본 사람 오카모토 류노스케(岡本柳之助)와 함께 공덕리에 가서 대원군을 호위해 대궐로 들어오는데…"라는 구절이 나온다.

이런 상황에서 일제는 중전 민씨 찾기에 혈안이 되어 있었다. 이상한 낌새를 알아챈 중전 민씨는 궁녀 복장으로 위장하고 있었다. 낭인들이 궁녀들의 머리채를 잡고 중전 민씨의 소재를 물었다. 아무도 말하지 않았다.

하지만 위장하고 숨는다는 게 한계가 있기 마련 아닌가. 결국 새벽 6시 무렵 중전 민씨는 낭인들에게 덜미를 잡혔다. 중전 민씨는 "자신은 왕후가 아니며 먹을 것을 찾아 들어왔을 뿐"(《윤치호 일기》에 나오는 의화군의 증언)이라고 변명했다. 사실 여부는 확인되지 않지만 낭인들은 왕후로 의심되는 궁녀들의 옷을 벗겨 임신 여부를 확인했다고 한다. 궁녀는 임신할 수 없는 신분이고 오로지 중전만이 임신했을 것이라는 논리에서 그렇게 했다는 이야기다.

이렇게 중전 민씨는 일제의 칼에 의해 시해됐고, 일제는 증거인멸을 위해 시신에 석유를 뿌려 불을 지른 후 연못으로 던졌다고 한다. 이를 역사는 '을미사변(乙未事變)'이라고 부른다.

그런데 이듬해인 1896년 2월 스물한 살 청년 김구가 황해도 치하포에서 일본인 쓰치다 조스케(土田讓亮)를 살해하는 사건이 일어난다. 국모의 원수를 갚겠다며 일본인을 죽인 것이다. 결국 체포되어 사형선고를 받은 김구는 사형 집행 직전 극적으로 면제된다. 사흘 전에 개통된 전화로 고종이 중지 명령을 내렸던 것이다.

이런 상황이 되자 고종은 불안에 떨어야만 했다. 조선을 식민지화하려는 일제의 간계가 더 노골화되었기 때문이다. 고종에게 이 같은 상황은 제로섬 게임과 같았다. 일제의 야욕이 커질수록 고종의 입지가 작아졌다. 되레 불안이 더 커졌다. 게다가 이 불안은 자칫 죽을 수도 있다는 것까지 포함했다. 멀리 갈 것도 없이 부인 중전 민씨의 무참한 주검이 이를 웅변적으로 보여주지 않는가.

고종은 사실상 경복궁에 감금된 것이나 다름없었다. 어떻게 해야 할까. 이때 친러파나 친미파 등이 나서서 어떻게든 고종이 경복궁에서 나오도록 해야 한다는 공감대를 형성하고 있었다.

그렇게 하여 1895년 11월 28일, 이른바 '춘생문 사건(春生門事件)'이 일어난다. 친미파와 친러파, 개화파까지 힘을 합쳐 친일파 손아귀에 있는 고종을 미국 공사관으로 데려가는 작전이었다. 여기에는 현직 관료인 시종 임최수, 참령 이도철, 을미사변으로 신변의 위협을 느껴 외국 공사관으로 피신해 있던 중전 민씨 우호세력, 친러·친미파인 이범진·이윤용·이완용·윤웅렬·윤치호 등 정동파(貞洞派)와 언더우드(H. G. Underwood)·헐버트(H. B. Hulbert)·다이(W. M. Dye)·알렌(H. N. Allen) 등 미국인 선교사와 외교관들 그리고 러시아 공사 베베르 등이 참여했다.

하지만 결정적인 순간에 변절자가 생긴다. 중추원 의관 안경수가 외부대신 김윤식에게 이 사실을 밀고한다. 결국 이 일을 전달받은 군부대신 어윤중의 해산 명령으로 이 작전은 실패한다.

서울 장충동에 가면 '장춘단(獎忠壇)' 비를 만날 수 있다. 이 비가 바로 을미사변과 춘생문 사건 때 희생된 아홉 명의 혼을 기리기 위해서 세웠다고 한다.

하지만 고종은 포기하지 않았다. 마침 춘생문 사건으로 해외로 탈출했다가 비밀리에 귀국한 이범진이 나서서 다시 계획을 세운다. 이른바 '아관파천(俄館播遷)'.

1896년 2월 11일 새벽 6시 경복궁.

궁녀 가마 두 대가 건춘문을 빠져나갔다. 두 궁녀 가마에는 궁녀복을 입은 고종과 세자가 각각 타고 있었다. 궁녀 가마는 검문하지 않는다는 점을 이용하여 위장한 것이었다.

고종과 세자가 어가를 타고 궁을 나간다면 곧바로 발각되므로 이를 피하기 위해 고민하다 엄 상궁이 낸 아이디어였다. 엄 상궁은 나중에 마지막 황태자

35 | 을미사변과 춘생문 사건 때 희생된 아홉 명의 혼을 기리기 위해 세운 장충단비.

인 영친왕 이은을 낳고 중전이 된 인물이다. 엄 상궁은 이완용과 러시아 공사 베베르, 고종의 이종사촌 심상훈, 김옥균 암살범 홍종우 등에게 대원군과 친일파가 고종 폐위 음모를 꾸민다며 왕실을 옮겨야 한다고 주장했다고 한다.

이렇게 고종이 무사히 러시아 공사관으로 피신했다. 이를 역사는 '아관파천'이라고 부른다. '아(俄)'는 러시아의 한자식 표기 아라사(俄羅斯)의 앞 글자이다.

러시아 공사관에서의 고종의 정치는 "역적 무리가 나라를 농간"한 조치를 제자리로 돌려놓는다는 명분으로 나름대로 거침이 없었다. 그러면서 고종은 러시아 베베르 공사의 적극적인 주선으로 니콜라이 2세 러시아 황제와도 친분을 쌓았다.

이렇게 러시아 공사관에서 정사를 보던 고종은 1년 남짓 있다 1897년 2월 20일 경운궁(慶運宮, 덕수궁)으로 돌아온다. 고종의 환궁에 대해 고종과 친러파는 반대했다. 하지만 1896년 개화파들이 주축이 되어 설립한 독립협회 등의 단체와 전국 유생들이 강력한 상소 운동을 벌였다. 경복궁 대신 경운궁을 택한 것은 가까이에 미국과 러시아 공사관이 있어서 일본의 감시를 벗어날 수 있겠다는 계산에서였다고 한다.

고종이 경운궁으로 돌아오자, 이번에는 '칭제건원'하라는 요구가 빗발쳤다. 칭제(稱帝)는 한자어 그대로 '황제라 부르는 것'이고, 건원(建元)은 원호(元號), 즉 연호를 세우는 것을 말한다. 고종더러 황제가 되라는 것이니, 조선을 왕이 통치하는 '군주국'에서 한 단계 높여 황제가 통치하는 '제국'으로 만들라는 의미이다.

우리 역사에서 칭제건원을 가장 먼저 주장한 인물은 갑신정변의 주역 김옥균으로 알려져 있다. 청나라에 대한 조공 허례를 폐지하여 대등한 나라가 되어야 한다는 게 이유였다. 물론 갑신정변의 실패로 유야무야되면서 추진 동력을 잃었다.

여기서 하나 주목할 점은 일제가 되레 칭제건원을 찬성했다는 점이다. 얼핏 보기에 일본이 그렇게까지 우리를 생각했을까 싶겠지만, 그 속내가 달랐음은 짐작하고도 남는다. 어떻게 해서든 청국의 간섭에서 조선을 떼어내어 자주국으로 만들고, 상하(上下)가 아닌 대등한 관계로 두는 것이 유리했기 때문이다.

이런 상황에서 아관파천이 일어나자, 이번에는 김옥균을 암살한 홍종우가 나섰다. 프랑스 유학파인 홍종우는 유럽, 특히 프랑스식 황제 국가를 생각하고 이 같은 주장을 했다고 한다. 하지만 이 역시 아관파천 등으로 추진 동력이 없었던 상태에서 제안으로 그쳤다.

그러다 고종이 러시아 공사관에서 환궁하자 본격적으로 칭제건원이 대두되기 시작했다. 1897년 5월 전 군수인 정교(鄭喬)와 전 승지인 이최영(李㝡榮) 등 여럿이 상소를 올려 황제 즉위를 요청한다.

"구주 각국에서 황제와 군주의 위치가 평행하고 그 높음도 대략 같으니 개호(改號)할 필요가 없다는 주장은 동서양 국가의 위호(位號)와 관습의 차이를 알지 못하고 하는 말이다. 하필 동아(東亞)의 좋은 칭호를 두고 서구의 관습을 따르겠는가. (중략) 만국공법을 보건대 존호는 각국이 자주로 하는 것이며, 타국은 이를 좇아 인정할 뿐이니 타국이 인정하고 아니함은 논할 것이 못 된다. 동아의 대국인 청국과 일본은 모두 이런 존호를 쓰는데 오직 우리나라는 아직까지 거행하지 않고 있어 동양 국면에 크게 관계가 있다."(정교의 《대한계년사》)

이 상소를 계기로 그해 10월 초까지 상소가 이어졌다고 한다. 특히 왕이나 군은 한 나라를 다스리는 데 반해 황제는 여러 나라를 다스리는 것을 의미하므로 칭제건원은 옳지 않다는 주장까지 있었다. 하지만 《고종실록》을 보면, 이런 논리를 반박하는 기사가 여럿 있다. 이를 요약해 보자.

"우리나라는 삼한(三韓)을 통합한 것이고 육지강토는 4천 리요, 인구는 2천만에 모자라지 않는다. 오늘날 폐하의 신민된 자가 지존한 존호를 씀에 누가 이를 원하지 않는다는 것인가."

물론 반대도 많았다. 최익현이나 유인석을 비롯하여 위정척사운동을 벌이던 보수 유생이 특히 반대했다. 이들의 반대 논리는 중화 문명을 이은 우리가 서구의 의례에 따라 존호를 바꾸는 것은 짐승의 제도를 취하는 것이라 했다.
게다가 윤치호를 비롯한 서구 지향의 신지식인은 칭제건원에 큰 의미를 두지 않았다. 이들은 황제 즉위가 서구의 열강에게 아무런 의미가 없는 '유명무실'한 조치이므로 빈약한 정부의 재정을 낭비하는 '외화내빈'의 행사보다는 내정에 충실을 기해야 한다는 것이었다.

사실 칭제건원을 주장한 독립협회의 기관지 〈독립신문〉에서도 황제가 되어야 자주독립이 되는 건 아니라며 왕국이라도 황국과 같은 대접 받을 권리를 잃지 않는 것이라는 논조로 회의적인 반응을 보이기도 했다.

반면 장지연이나 정교 같은 '동도서기(東道西器)'의 입장을 가진 지식인들은 달랐다. 동도서기는 알다시피, 동양의 도덕과 윤리를 그대로 지키면서 서양의 기술과 기계를 받아들여 부국강병을 이룩한다는 사상이다. 청나라와 일제 모두 황제나 천황을 칭하는데 우리만이 왕을 칭하여 비하할 이유가 없고, 황제가 없으면 독립도 없다는 일반인의 인식을 고려할 때, 우리 군주의 존호도 황제로 높여 쓰는 것이 반드시 필요하다고 주장했다.

하지만 고종은 신중한 태도를 보였다. 일부 반대파가 있긴 했지만 다수가 찬성파인 독립협회가 적극적으로 나섰다. 한편으로 이 일은 조선의 자주적 일이므로 찬성도 반대도 하지 않은 다른 나라들의 반응도 긍정적으로 작용했다.

이런 설왕설래 속에서 찬성파가 더 많음을 확인한 고종은 이 '건의'를 '마지못해' 받아들인다. 왕이 스스로 황제가 된다는 것은 유교 예법에 어긋나므로 일단 여러 차례 사양하는 듯하다가 받아들인다.

고종은 칭제건원이 여러 가지 면에서 필요하다는 인식이었다. 청나라와 일제의 압제는 물론이거니와 러시아나 미국 같은 나라들의 이권 개입에 시달리는 한편 을미사변 등을 거치면서 신변의 위협까지 느껴야 했다. 이에 이런 위축된 위신을 곧추세울 뭔가가 필요했고, 그 조치는 나라의 위기에 대응할 수 있는 모든 힘을 모을 수 있어야 했다.

36 | 영은문을 헐고 그 자리에 세운 건립 초기의 독립문 모습.

따라서 고종은 사실상 정부가 나서서 추진했지만, 건의를 받아들이는 형식으로 칭제건원을 하게 된다.

미국 신문 〈뉴욕타임스〉가 "왕은 금일로 자신을 황제로 선포함, 1897년 10월 15일"이라는 제목의 기사를 내보냄으로써 세계에 이 사실이 알려지기도 했다.

황제 즉위식이 치러지자, 러시아 차르 니콜라이 2세가 12월 23일 가장 먼저 대한제국을 승인했고, 잇따라 일본, 프랑스, 미국, 영국도 승인한다. 청나라 사신을 맞이하던 곳으로 청과의 조공 관계를 상징하던 곳인 영은문(迎恩門)을 헐고 그 자리에 독립문(獨立門)을 세웠다. 이렇게 독립 국가로서의 틀을 갖춘 후 고종 황제는 황실이 중심이 된 광무개혁을 통해 근대화, 산업화를 추진해 나갔다.

왜 국호를
'대한'으로 정했을까

　칭제건원 하기로 한 고종은 '칭제'보다 '건원'을 먼저 한다. 즉 연호부터 제정한 것이다. 1897년 8월 16일, 고종은 그동안 써오던 연호를 '건양(建陽)'에서 '광무(光武)'로 바꾼다.

　혹자는 앞에서 조선은 연호를 쓰지 않았다고 하지 않았느냐고 반문할지 모르겠다. 해서 여기서 잠시 연호에 대한 이야기를 하고 넘어가자.

　우리나라는 삼국시대 때부터 독자적인 연호를 사용했다고 한다. 고구려 광개토대왕을 '영락대왕(永樂大王)'이라고도 부르는데, 이때 '영락'이 연호이다.

　그런데 이 독자 연호가 조선 시대에는 전혀 사용되지 않았다. 중국의 제후국을 자처한 조선으로서는 황제의 통치권을 상징하는 연호를 따로 만들지 않고 중국에서 받아다 썼다. 조선 전기는 명, 후기는 청나라 연호를 썼다.

　그러다 1894년 강화도조약이 체결되면서 조선은 독자 연호를 사용한다. 그 조약의 가장 핵심 내용이 바로 조선의 '자주국'이 아니던가. 자주국이란 주변 국가와 동등하다는 개념이다. 따라서 주변국처럼 독자 연호를 사용하기 시작한 것이다. 이에 고종은 즉위하면서 '건양'이란 연호를 사용하기 시작했다.

아무튼 이렇게 제국의 연호를 사용하자 당연히 '칭제'에 대한 요청이 빗발쳤다. 이에 고종은 원구단(圜丘壇)을 설치하도록 했고, 앞에서 살펴보았듯 1897년 10월 12일 황제 즉위식을 치르고 황제가 된다.

그다음 날 고종 황제는 국호를 '조선'에서 '대한제국'으로 바꾼다. 그럼, 새로 황제의 나라가 된 대한제국은 어떻게 국호를 제정했을까. 대한제국 국호 제정 과정을 담은 《고종실록》 1897년 10월 11일 자를 보자.

고종은 이날 현직인 시임 대신(時任大臣)과 전직인 원임 대신(原任大臣) 이하를 만나는 자리에서 이렇게 입을 뗐다.

"경들과 의논하여 결정하고 싶은 것이 있다. 정사를 모두 새롭게 시작하는 지금에 모든 예가 새로워졌으니, 환구단에 처음으로 제사를 지내는 지금부터 의당 국호를 정하여 써야 한다. 대신들의 의견은 어떠한가?"

고종이 묻자, 의정부 의정 대신 심순택이 나서더니 이렇게 아뢰었다.

"우리나라는 기자(箕子)가 옛날에 봉해진 조선이라는 이름을 그대로 칭호로 삼았는데 애당초 합당한 것이 아니었습니다. 지금 나라는 오래되었으나 천명이 새로워졌으니, 국호를 정하되 응당 전칙(典則)에 부합해야 합니다."

그동안 사용하던 '조선'이란 국호가 합당한 것이 아니라니 조금 당황스럽긴 하다. 일단 왕의 심기를 헤아려 한 아부(?) 정도로 하자. 그런데 특진관 조병세(趙秉世)도 심순택의 의견을 '복붙(복사하여 붙여놓기)' 하듯 거든다.

"천명이 새로워지고 온갖 제도도 모두 새로워졌으니, 국호도 새로 정해야 마땅합니다. 앞으로 만년토록 영원할 나라의 터전이 진실로 지금에 달려 있습니다."

신하들의 전폭적인 지지에 흡족해진 고종이 말한다.

"우리나라는 곧 삼한의 땅인데, 국초에 천명을 받고 통합하여 하나가 되었으니, 지금 국호를 대한(大韓)이라고 정하는 것은 불가한 것이 아니다. 또한 종종 각 나라의 문자를 보면 조선이라고 하지 않고 한(韓)이라고 하였다. 이는 아마도 미리 징표를 보이고 오늘을 기다린 것이니, 천하에 공표하지 않더라도 천하가 모두 대한이라는 칭호를 알고 있을 것이다."

이에 다시 심순택이 아뢴다.

"삼대(三代) 이후부터 국호는 예전 것을 답습한 경우가 아직 없었습니다. 그런데 조선은 바로 기자가 옛날에 봉해졌을 때의 칭호이니, 당당한 황제의 나라로서 그 칭호를 그대로 쓰는 것은 옳지 않습니다. 또한 '대한'이라는 칭호는 황제의 계통을 이은 나라들을 상고해 보건대 옛것을 답습한 것이 아닙니다. 성상의 분부가 매우 지당하니, 감히 보탤 말이 없습니다."

심순택은 기자조선의 국호라는 이유로 '조선'은 마땅치 않은 국호라고 강조한다. 아마도 "주(周) 무왕(武王)이 기자를 조선의 왕에 봉했다"는 점에 비추어 '조선'은 왕이 통치하는 나라의 국호이므로 황제가 통치하는 나라의 이름으로 적합하지 않다는 것이었다.

'기자조선'은 우리에게는 없고 오로지 중국의 기록에만 나와 지금 우리 역사에서 거의 퇴출된 점을 생각하면 심순택의 이 같은 발언은 이해할 만한 측면이 있긴 하다.

좌우지간 심순택이 고종의 생각에 감히 보탤 것이 없다고 하자 아부 경쟁이라도 하듯 이번에는 또 조병세가 아뢴다.

"각 나라의 사람들이 조선을 한이라고 부르는 것은 그 상서로운 조짐이 옛날부터 싹터서 바로 천명이 새로워진 오늘날을 기다렸던 것입니다. 또한 '한(韓)' 자의 변이 '조(朝)' 자의 변과 기이하게도 들어맞으니 우연이 아닙니다. 이것은 만년토록 태평 시대를 열게 될 조짐입니다. 신은 공경하고 우러러 사모하여 칭송하는 마음을 금할 수 없습니다."

이쯤에서 고종은 이런 말로 결론을 내린다.

"국호가 이미 정해졌으니, 원구단에 행할 고유제의 제문과 반조문(頒詔文)에 모두 '대한'으로 쓰도록 하라."

그리고 이틀 후인 10월 13일 고종은 나라에 경사가 있을 때 백성에게 널리 알리던 조서(詔書)인 반조문을 발표하여 국호를 '대한'으로 바꾼 이유를 설명한다.

"봉천 승운 황제(奉天承運皇帝, 천명에 따라 황제의 운을 계승했다는 뜻으로 조서에 쓰는 황제의 자칭)는 다음과 같이 조령(詔令)을 내린다. 짐은 생각건대, 단군(檀君)과 기자(箕子) 이후로 강토가 분리되어 각각 한 지역을 차지하고는 서로 패권을 다투어 오다가 고려(高麗) 때에 이르러서 마한(馬韓), 진한(辰韓), 변한(弁韓)을 통합하였으니, 이것이 '삼한(三韓)'을 통합한 것이다.

우리 태조가 왕위에 오른 초기에 국토 밖으로 영토를 더욱 넓혀 북쪽으로는 말갈(靺鞨)의 지경까지 이르러 상아, 가죽, 비단을 얻게 되었고, 남쪽으로는 탐라국(耽羅國)을 차지하여 귤, 유자, 해산물을 공납(貢納)으로 받게 되었다. 사천리 강토에 하나의 통일된 왕업(王業)을 세웠으니, 예악(禮樂)과 법도는 당요(唐堯)와 우순(虞舜)을 이어받았고 국토는 공고히 다져져 우리 자손들에게 만대토록 길이 전할 반석 같은 터전을 남겨 주었다.

짐이 덕이 없다 보니 어려운 시기를 만났으나 상제(上帝)가 돌봐주신 덕택으로 위기를 모면하고 안정되었으며 독립의 터전을 세우고 자주의 권리를 행사하게 되었다. 이에 여러 신하와 백성들, 군사들과 장사꾼들이 한목소리로 대궐에 호소하면서 수십 차례나 상소를 올려 반드시 황제의 칭호를 올리려고 하였는데, 짐이 누차 사양하다가 끝내 사양할 수 없어서 올해 9월 17일 백악산(白嶽山)의 남쪽에서 천지(天地)에 고유제(告由祭)를 지내고 황제의 자리에 올랐다. 국호를 '대한(大韓)'으로 정하고 이해를 광무(光武) 원년(元年)으로 삼으며, 종묘(宗廟)와 사직(社稷)의 신위판(神位版)을 태사(太社)와 태직(太稷)으로 고쳐 썼다. 왕후(王后) 민씨(閔氏)를 황후(皇后)로 책봉하고 왕태자(王太子)를 황태자(皇太子)로 책봉하였다. 이리하여 밝은 명을 높이 받들어 큰 의식을 비로소 거행하였다. 이에 역대의 고사(故事)를 상고하여 특별히 대사령(大赦令)을 행하노라."

그리고 반조문은 나이 많은 사람과 지방에 주둔하는 군사들을 대우하고,

숨어 사는 현량한 선비와 무예와 지략이 있는 자를 뽑아 쓰고, 묵은 땅과 가뭄과 장마 피해지에 대한 세금을 면제하는 등의 시혜 조치를 내리고는 마지막으로 이런 말로 맺는다.

"아! 애당초 임금이 된 것은 하늘의 도움을 받은 것이고, 황제의 칭호를 선포한 것은 온 나라 백성들의 마음에 부합한 것이다. 낡은 것을 없애고 새로운 것을 도모하며 교화를 시행하여 풍속을 아름답게 하려고 하니, 세상에 선포하여 모두 듣고 알게 하라."

도대체 '한'은
어디서 온 것일까?

앞에서 《고종실록》의 기록으로 국호가 '조선'에서 '대한제국'으로 바뀌는 과정을 알아보았다. 그런데 이 바뀐 국호에서 가장 눈에 띄는 글자는 느닷없이(?) 등장한 '한(韓)'이 아닐까.

사람들이 국호와 관련한 이야기를 하면 '대(大)' 자부터 꺼내기 일쑤다. 물론 그것도 중요하지만 여기서는 일단 나중이다. 나는 '한'이 더 중요하게 다가온다. 그럼 도대체 한은 무엇이며, 어디서 왔을까.

'느닷없이'라는 부사에 작은따옴표 대신 물음표를 괄호 안에 넣은 것은 '한'이라는 글자의 전혀 예상하지 못한 등장 때문이다. '한'은 낯선 글자는 아니다. 졸면서 역사 수업을 들었더라도 '삼한'이니, '마한·진한·변한'이니 하는 '한' 자가 들어간 용어쯤은 이미 알고 있을 터이니까.

그런데 이때까지의 국호는 '한'과 연관성 따위가 절대 없어 보이는 '조선'이 아니던가. 그럼에도 '한'을 사용한다?

물론 나라가 다르면 그 이름이 다른 것으로 바뀌는 건 당연하다. 보통 나라를 세운다는 것은 액면 그대로 창건하거나 아니면 있던 나라와 싸워 이겨 멸망시킨다거나 하는 경우이다. 창건한다면 나라 이름을 처음으로 지을 것이다. 있던 나라를 멸망시키고 국권을 장악한다 해도 특수한 사정이 없는 한 망한 나라의 이름을 이어 쓰기보다는 새로 짓기 마련이다.

그런데 대한제국의 경우는 이런 사정과는 애당초 다르다. 기존에 존속해 오던 나라를 없애고 아주 다른 나라를 세운 것이 아니다. 정치·경제·사회·문화 모든 것을 그대로 두고 다만 나라의 격만 높인 거나 다름없다. 군주국에서 황제국으로 말이다.

물론 황제국으로 격상하면서 황제권의 내용을 공법(公法)에 의거해 구체적으로 명시한 '대한국 국제(大韓國國制)'를 제정했다. 통치 이념을 다시 선포하여 형식적으로 나라의 틀을 다시 만들기는 했다는 이야기다. 그런데도 피부로 느낄 수 있는 변화는 거의 없었다. 국가 통수권자인 왕은 그대로 '고종'일 뿐이다. 바뀐 거라곤 '황제'라는 호칭뿐이라 해도 크게 어긋나지 않는다.

나라 이름을 다시 지을 때 가장 먼저 생각할 것은 기존에 써오던 이름을 어

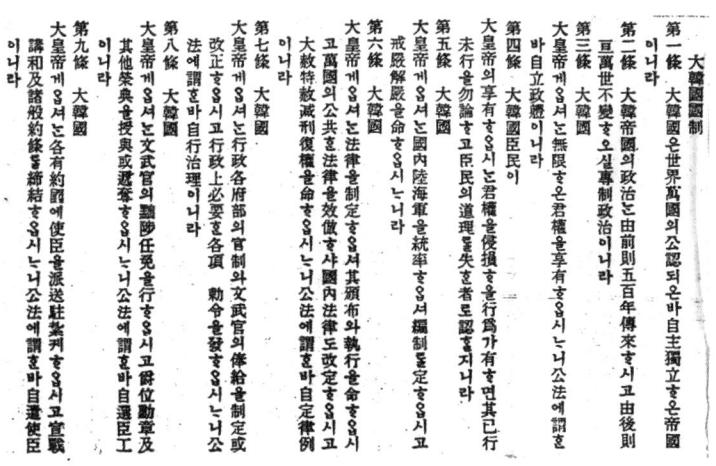

37 | 1899년 고종이 제정한 대한국 국제.

떻게 할 것인가 하는 점이다. 대한제국은 더욱 그랬다. 바꾸지 않으면 안 될 이유가 특별히 없었다. 되레 바꾸면서 내세우는 논리가 궁색해 보일 정도다.

물론 새로운 나라를 표방하면서 이전 나라의 국호를 써야만 한다거나, 아예 다른 이름으로 바꾸어야 한다는 따위의 규정은 없다. 그냥 그때의 상황에 맞게 지으면 될 터이다. 그럼에도 기존의 국호를 완전히 내팽개치고 무시할 수는 없다. 새 나라가 완전히 다른 나라가 아니라 모든 것을 계승하는 나라이기 때문이다. 따라서 새로 만든 국호에 이전 국가의 정체성을 심어놓기 마련이다.

그런데 '한'에서는 기존의 국호 '조선'의 정체성이 쉽게 드러나지 않는다. "우리나라는 기자가 옛날에 봉해진 조선이라는 이름을 그대로 칭호로 삼았는데 애당초 합당한 것이 아니었다"는 심순택의 말에서 보듯 정체성이 아예 없다고 하는 게 적절한 것 같다. 대한제국은 조선을 계승한 나라이다. 그런 점에서 국호 역시 '조선제국'이라고 해도 크게 이의를 달 사람이 있었을까. 이의를 단다는 것은 대한제국의 뿌리인 조선을 부정하는 게 되기 때문이다.

더욱이 대한제국의 초대 황제인 고종은 누구인가. 그렇다. 조선을 창건한 태조 이성계(李成桂, 1335~1408년)의 후손 아닌가. 태조가 일으킨 '역성혁명'에 따른 왕위 세습으로 조선의 26대 왕이 된 인물이 아닌가.

그렇다면 연속성 차원에서도 '조선'을 이어야 하는 게 어쩌면 당연할 터인데, 그렇게 하지 않았다. 대한제국은 국호를 다시 제정했고, '한'이라는 글자를 등장시켰다. '한'은 처음 내세운 게 아니다. 역사에 있던 것을 다시 소환한 거였다. 고종이 국호에 '한'을 등장시킨 이유는 무엇일까. 고종이 반조문에서 언급한 기록을 토대로 살펴보자.

"단군과 기자 이후로 강토가 분리되어 각각 한 지역을 차지하고는 서로 패권을 다투어 오다가 고려 때에 이르러서 마한, 진한, 변한을 통합하였으니, 이것이 '삼한'을 통합한 것이다."

일단 본격적인 이야기를 하기에 앞서 한 가지 양해부터 구해야겠다. 알다시피 우리 고대사는 아직도 논쟁이 많다. 특히 식민사관을 둘러싼 강단 사학과 재야 사학 사이의 의견 차이는 여전히 평행선을 달리고 있다. 이런 상황에서 어느 한쪽의 주장을 일방적으로 갖다 쓰기가 어렵다. 그럼에도 우리의 국호가 어떤 변화 과정을 거쳤는지를 알아보려면 불가피하다. 이 점을 생각하고 이어지는 이야기를 읽어주길 바란다.

자, 고종의 반조문에서 언급한 '단군'과 '기자조선'에 대해 알아보자. 단군조선은 이성계가 세운 그 조선이 아니다. 단군이 세운 '조선'을 의미한다. 우리가 흔히 말하는 '고조선'이다.

그런데 혹자는 '고조선'이라는 표현은 이성계의 '이씨조선'과 구분하기 위해 앞에 '고(古)' 자를 붙인 것이라고 말한다. 얼핏 보아 그럴듯하다. 이성계의 '조선'과 단군의 '조선'이 같은 이름이므로 헷갈릴 게 뻔하니까.

그런데 이건 반은 맞고 반은 틀리다. '고조선'이란 표현은 이성계의 조선이 건국되기도 전인 고려시대 일연(一然, 1206~1289년)이 쓴 역사서 《삼국유사(三國遺事)》에서 비롯됐다. 일연이 위만조선(衛滿朝鮮)과 구분하기 위해 앞에 '고' 자를 붙여 사용했다고 한다. '구분'한다는 의미에서 보면 그런 주장이 설득력 있다.

하지만 그 주장의 논거가 되는 《삼국유사》의 판본에 따라 해석이 달라질 수 있다. 《삼국유사》의 판본에는 당연히 처음 만든 원본을 비롯하여 여러 개가 있었다고 한다. 아쉽게도 원본은 지금 전해지지 않는다. 다만 조선시대 초기에 여

38 | 《삼국유사》 정덕본.

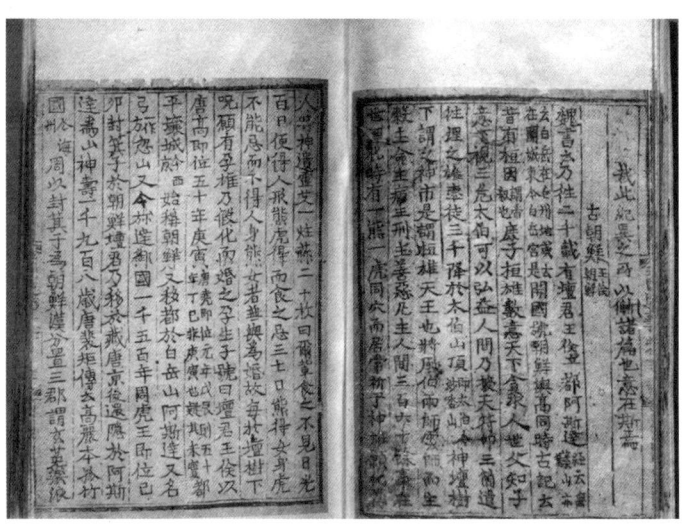

39 | 단군신화를 수록한 《삼국유사》.

러 판본이 만들어졌었다. 그런데 이 판본들 역시 존재했었다는 사실만 알 뿐 그 실체는 만날 수 없다. 지금 우리가 접하는 판본은 조선 중종 때 제작된 정덕본(正德本)이다.

《삼국유사》 정덕본은 중종 7년인 1512년 경주부윤 이계복(李繼福)이 중간한 중종임신본(中宗壬申本)을 말한다. 그런데 바로 정덕본의 간행 연도가 고려가 아니라 조선이 건국된 지 120여 년이 훌쩍 지났다는 점에서 또 다른 해석의 가능성이 있다.

혹시 정덕본을 만들면서 제작자가 이씨조선과 구분하기 위해 '고' 자를 넣었을 수도 있는 것 아닌가. 그래서 반은 틀리다고 했다.

한편 일연과 동시대에 살았던 역시 고려 문신 이승휴(李承休, 1224~1300년)가 한국과 중국의 역사를 시로 쓴 역사책 《제왕운기(帝王韻紀)》에도 고조선에 관한 내용이 나온다. 고려시대에 나온 이 책은 단군조선을 '전조선(前朝鮮)', 기자조선

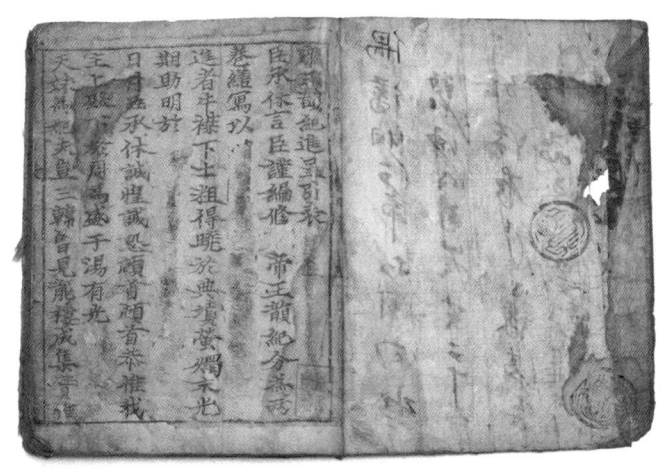

40 | 《삼국유사》와 비슷한 시기에 편찬된 《제왕운기》.

을 '후조선(後朝鮮)'으로 표기하고 있다. 그렇다면 고려시대에는 단군조선을 '고'조선으로 부르지 않았을 가능성도 있다. 그런 점에서 《삼국유사》의 정덕본은 제작자가 판본을 만들면서 '조선' 앞에 '고'를 넣어 수정했을 가능성이 크다.

아무튼 잘못 알고 있는 상식 하나 바로잡으며, 본론으로 돌아가 보자. '단군' 하면 가장 먼저 떠오르는 게 뭔가. 그렇다. 단군이 신화 인물이느냐, 실존 인물이느냐가 아닌가.

그런데 '단군'은 특정 인물을 의미하는 게 아니라 '제사장'을 일컫는다. 아울러 단군과 함께 사용하는 단어 '왕검(王儉)'은 통치자를 의미한다. 단군왕검은 제사장과 통치자가 한 사람임을 의미한다. 이는 당시 사회가 제정일치 사회였음을 상징한다.

이왕 단군신화 이야기가 나온 김에 이참에 다시 한번 자세하게 살펴보고 가자. 《삼국유사》〈기이(紀異)〉 제1편 고기(古記)에 나오는 기록이다.

옛날에 환인(桓因)의 서자 환웅(桓雄)이 천하에 자주 뜻을 두어 인간 세상을 구하고자 하였다. 아버지가 아들의 뜻을 알고 삼위태백(三危太伯, 삼위산과 태백산을 말한다는 주장도 있고, 삼위산 중 하나인 태백산이라는 해석도 있음)을 내려다보니 인간을 널리 이롭게[홍익인간(弘益人間)]할 만한지라, 이에 천부인(天符印, 신물) 세 개를 주며 가서 다스리게 하였다. 환웅이 무리 3천을 이끌고 태백산(太白山) 꼭대기 신단수(神壇樹) 밑에 내려와 여기를 신시(神市)라고 하니, 이로부터 환웅천왕이라 불렀다.

풍백(風伯), 우사(雨師), 운사(雲師)를 거느리고 곡(穀), 명(命), 병(病), 형(刑), 선(善), 악(惡) 등 무릇 인간의 360여 가지의 일을 주관하고 인간 세상에 살며 다스리고 교화하였다.

이때 곰 한 마리와 호랑이 한 마리가 같은 굴에서 살면서 항상 신웅(환웅)에게 빌기를, "바라건대 (모습이) 변화하여 사람이 되었으면 합니다"라고 하였다. 이에 신웅이 신령스러운 쑥 한 타래와 마늘 20개를 주면서 이르기를, "너희들이 이것을 먹고 백 일 동안 햇빛을 보지 아니하면 곧 사람이 될 것이다"라고 하였다. 곰과 호랑이가 이것을 받아서 먹고 기(忌, 싫지만 참음)하였는데 삼칠일(三七日, 21일) 만에 곰은 여자의 몸이 되었으나 범은 기하지 않아 사람이 되지 못하였다고 전해지고, 웅녀(熊女)는 그와 혼인할 사람이 없었으므로 항상 신단수 아래서 아이를 가지기를 빌었다. 이에 환웅이 잠시 (사람으로) 변해 결혼하였다. 웅녀는 출산한 아들의 이름을 단군왕검(檀君王儉)이라 하였다.

단군왕검이 즉위한 지 50년인 경인년에 평양성(平壤城)에 도읍하고 비로소 조선(朝鮮)이라 칭하였다. 또 도읍을 백악산 아사달(白岳山阿斯達)에 옮겼으니, 그곳을 궁홀산(弓忽山) 또는 금며달(今旀達)이라고도 한다. 나라를 다스리기 1500년이었다.

주(周)나라의 호왕(虎王, 무왕)이 즉위한 기묘년에 기자(箕子)를 조선(朝鮮)에 봉하니, 단군은 곧 장당경(藏唐京)으로 옮겼다가 뒤에 아사달(阿斯達)에 돌아와 숨어서 산신이 되니, 수(壽)가 1908세였다 한다.(국사편찬위원회 '한국사데이터베이스')

이 신화에서 우리가 주목해야 할 부분이 여럿 있겠지만 그중에서 국호를 '조선'으로 칭했다는 점에 무게 추를 두자. 이 책의 주제가 바로 국호가 아니던가.

자, 그럼, 일단 우리나라는 단군조선(고조선)에서 시작했다고 볼 수 있다. 그런데 이 단군조선은 1500년이나 지속되다가 BC 1122년 은나라가 망하자 왕족인 기자가 주나라에 복종하길 거부하고 조선으로 망명하니 무왕이 그를 조선 왕으로 봉했다고 한다.

그 반대로 주 무왕이 기자를 조선의 왕에 봉해서 조선에 왔다는 설도 있다. 아무튼 우리 역사는 이를 '기자조선'이라고 부른다.

그런데 기자가 조선으로 망명했다는 기록만 있을 뿐 왕에 봉해졌다는 내용은 없다고 한다. 그렇다면 기자가 실체가 없는 단군조선으로 망명할 수 있을까. 없다. 그래서 어떤 사람은 되레 그게 단군조선의 실재를 증명하는 증거라고 말한다.

기자에 대한 기록은 BC 3세기 무렵에 쓰인 책에 기자가 동쪽으로 갔다고 나온다. BC 3세기 이전에는 기자의 존재 자체만 언급할 뿐 기자동래설(箕子東來說)에 대해서는 언급이 없다. 그래서 사람들은 조선을 깎아내리기 위한 중국의 조작이 아닌가 하고 의심하기도 한다.

그런데 고려나 조선에서는 생각이 달랐다. 기자동래설을 믿었다. 아마도 단군은 신화적 인물일지라도 기자는 실존 인물이라는 점에서 그랬을 수도 있다. 조선 초기 정도전(鄭道傳, 1342~1398년)이 《조선경국전》에서 국호 사용 때 '단군조선 → 기자조선 → 위만조선' 흐름을 제시했다고 한다. 《제왕운기》에서도 '단군조선 → 기자조선 → 위만조선'으로 이어졌다고 했다. 또 이황도, 율곡도 기자조선의 실체를 믿었다고 한다.

이렇듯 기자는 공자가 추앙했던 인물이라는 점에서 유교 사상을 신봉하는 조선의 사대부에게는 자부심의 원천이 되기도 했다고 한다. 그래서 평양에 기자 묘와 기자 사당을 세우는가 하면 단군과 함께 제사까지 지냈다고 한다. 조선 후기 성리학자 안정복은 '단군조선 → 기자조선 → 위만조선' 흐름이 우리 역사의 정통성을 의미한다고 했다.

하지만 이 기자조선은 그 실체가 의심받는 것도 사실이다. 고고학적 증거가 부족하다는 이유다. 남한 학계는 물론이거니와, 북한에서도 마찬가지다.

이는 그동안 교과서에서 기자조선을 어떻게 다루었는지를 보면 알 수 있다. 그동안 교과서에 실려 있던 기자조선은 1964년에 삭제됐고, 1974년 개편 교과서에서는 논의는 되었지만 본문 대신 각주 신세를 져야 했다. 2010년 이후 역사 교과서에는 아예 없다고 한다.

여기서 우리가 한 번쯤 주목해야 할 것은 민족사학자 신채호가 《조선상고사》에서 한 주장이다. 신채호는 기자동래설이 사대주의 유학자들이 생각 없이 중국 사서를 인용한 것이라고 비판했다. 그러면서 기존의 단군·기자·위만·삼국이나 단군·기자·삼한·삼국의 인식 체계를 거부하고 대단군조선·3조선·부여·고구려 중심의 역사 인식 체계를 수립했다.

이런 상황에서 기자동래설은 실체 없는 허구라는 주장이 설득력을 얻으면서 지금은 교과서에서조차 언급되지 않는다. 우리 역사에서 거의 퇴출되었다고 봐도 무방하다.

어쨌거나 이 기자조선은 BC 194년, 마지막 왕 준(準)이 한나라에서 망명해 온 위만(衛滿)에게 왕위를 찬탈당했다고 한다.

그런데 위만의 출신을 놓고 설왕설래가 있다. 우선 연나라 출신 설이다. 《사기》에 보면, 연왕(燕王) 노관(盧綰)이 한(漢)나라를 배반하다 실패하여 흉노로 도망치자, 연나라 사람 위만이 무리 1천여 명을 모아 동쪽 패수(浿水)를 건너 상하장(上下障)에 정착했다고 했다.

한편 위만이 조선인이라는 설도 있다. 그가 조선에 들어올 때 '퇴결만이복(魋結蠻夷服)'이었다고 했다. 상투를 틀고 오랑캐(조선) 옷을 입었다는 것이다.

아무튼 이런 위만이 기자조선을 멸망시키고 법과 문화를 계승하는가 하면, 국호도 그대로 '조선'이라 했다고 한다.

그런데 조선 후기에 오면 기자조선이 위만조선으로 이어진 것이 아니라는 주장이 나온다. 위만이 찬탈자라는 이유다. 유교 사상에 비추어 보면 왕위 찬탈은 역모나 다름없으므로 기자조선을 이은 적통으로 볼 수 없다는 논리다.

그래서 애초 단군·기자·위만조선을 묶어 세 개의 조선이 있었다는 것에서 위만이 빠진 단군·기자조선, 또는 기자가 빠진 단군·위만조선이 있었다는 설이 나오기도 했었다.

이들은 한국사의 정통론은 '마한'으로 이어진다고 보았다. 적통인 기자조선의 마지막 왕 준왕이 위만에게 쫓겨나 마한 왕이 되었다는 거다. 재밌는 것은 이때부터 준왕의 기(箕)씨가 '한(韓)씨'로 바뀌었다고 한다.

그리고 마한은 더 넓게 마한·진한·변한의 '삼한'으로, 이후의 한국사로 계승되었다는 '삼한정통론'이 나왔다.

기자조선 준왕이 정착한 마한과는 별개로 한반도 중남부 지역에서 진(辰)이라는 나라가 일어났다. 고조선의 멸망으로 그 유민이 남쪽으로 내려오는 과정에서 진은 진한으로 바뀌었고, 진한에서 다시 변한이 분리되어 최종적으로 삼한이 성립했다고 한다. 《후한서》의 〈동이열전〉 '한(韓)' 조의 기록을 보자.

"한(韓)은 세 종족이 있으니, 하나는 마한, 둘째는 진한, 셋째는 변진(弁辰)이다. 마한은 서쪽에 있는데, 54국이 있으며, 그 북쪽은 낙랑, 남쪽은 왜와 접하여 있다. 진한은 동쪽에 있는데, 12국이 있으며, 그 북쪽은 예맥과 접하여 있다. 변진은 진한의 남쪽에 있는데, 역시 12국이 있으며, 그 남쪽은 왜와 접해 있다. 모두 78개 나라로 백제(伯濟)는 그중의 한 나라이다. 큰 나라는 1만여 호, 작은 나라는 수천 가(家)인데, 각기 산과 바다 사이에 있어서 전체 국토의 넓이가 방 4천여 리나 된다. 동쪽과 서쪽은 바다를 경계로 하니 모두 옛 진국(辰國)

이다."

　이렇게 '한'은 곧 '삼한'이고, '삼한'은 곧 우리나라를 지칭하는 말이 되었다고 한다.

삼한의 땅,
어디를 가리키는가

여기서 우리는 고조선을 이은 '삼한'이 과연 한강 이남에 있었다고 하는 그 삼한인가에 대한 궁금증이 생긴다. 우리가 학교에서 배운 역사 상식은 마한은 경기·충청·전라도, 진한은 경상북도, 변한은 경상남도 지역에 각각 자리 잡고 있었다.

그렇다면 고종이 칭제건원 하면서 발표한 반조문에 등장하는 이 대목은 고개를 갸우뚱하게 만든다.

"단군과 기자 이후로 강토가 분리되어 각각 한 지역을 차지하고는 서로 패권을 다투어 오다가 고려 때에 이르러서 마한, 진한, 변한을 통합하였으니, 이것이 삼한을 통합한 것이다."

고종이 바보가 아닌 이상 최소한으로 생각해도 압록강과 두만강까지 관할하던 강토를 왜 한강 이남으로 줄였을까 하는 궁금증이 인다. 그렇다면 분명 삼한의 위치는 우리의 역사 상식과 다르다는 점을 강하게 암시한다.

신채호는 《조선사연구초》에 실린 논문 〈전후삼한고〉에서 이렇게 주장했다. 단군이 세운 조선이 뒷날 삼조선 즉 삼한으로 분립하여 중국 동북 지역에서 만주 지역에 걸쳐 존재했는데, 이들이 '전삼한'이다. 이들 전삼한이 이동해 한반도 남쪽의 '후삼한'을 형성했는데, 이를 보통 삼한으로 인식한다.

신채호의 주장에 따르면, 앞에서 말한 우리의 역사 상식에 자리 잡은 삼한은 '후삼한'이고, 그 전에 만주까지 아우르는 '전삼한'이 있었다는 거다.

신채호는 말하길, 고조선은 신한, 불한, 말한의 삼한이 나누어 다스리는 연방 국가로, 신한은 대단군(大檀君), 불한과 말한은 부단군(副檀君)이 다스렸다고 했다.

이 삼한은 삼조선을 통치하는 세 왕검인데, 신한은 신조선, 말한은 말조선, 불한은 불조선이라 했다. 신한, 말한, 불한은 각각 진한, 마한, 변한으로, 신조선, 말조선, 불조선은 진조선(辰朝鮮), 막조선(莫朝鮮), 번조선(番朝鮮)으로 표기됐다. 나중에 한반도 남부에 세워진 후삼한(後三韓)은 삼조선(三朝鮮)이 해체된 후 남하한 진조선(辰朝鮮)의 잔여 세력이 막조선에 들어가 삼한(三韓)으로 나누어 다시 세운 것이라고 했다.

아마도 고종이 말하는 '삼한'도 이와 비슷한 입장에서 기자조선을 이었다는 마한을 중심으로 한 삼한이 아닐까 싶다. 이익의 《성호집》에 이런 기록이 나온다.

"진한과 변한은 바로 마한의 속국이었다. 그리하여 진한은 언제나 마한 사람을 임금으로 삼아 비록 대대로 내려왔지만 자립하지 못하고 항상 마한의 통제를 받았다. 변한은 또 진한에 소속되어 있었다. 진한은 비록 진(秦)나라 사람에 의해서 시작되었다고는 하지만, 그 뒤의 군장이나 정교는 마한의 통치권을 벗어나지 못하였다. 기자가 평양에 정전을 만들었는데, 이는 성인이 아니면 이런 역량이 나올 수 없다."

그럼, 한민족의 출처는 무엇일까. 중국 기록에 따르면 랴오둥반도에서 한반도에 걸친 일대의 북방계 종족을 예맥, 남방계 종족을 '한'이라고 불렀다고 한다. 이 예맥과 한이 서로 교류하면서 문화와 언어가 비슷해졌고, 좀 우세했던 예맥의 종족들이 통일하여 나라를 세우니 그것이 고구려라는 얘기다. 그러면서 고구려는 한의 일부도 다스렸다고 한다. 고구려는 예맥과 한을 통일한다. 그리고 신라가 대동강 이남을 장악하면서 삼한일통론이 등장한다.

이런 상황으로 보아 당시 삼한의 위치는 랴오둥반도와 한반도에 걸친 지역으로 보아야 한다.

이 삼한은 신라가 통일할 무렵에는 고구려·백제·신라의 삼국을 일컫는 말이 되었다고 한다. 최치원의 '상태사시중장(上太師侍中狀, 시중에게 올린 편지)'라는 글에 이런 언급이 나온다.

"엎드려 듣건대 동해 밖에 삼국이 있었으니 그 이름은 마한·변한·진한이었습니다. 마한은 곧 고(구)려, 변한은 곧 백제, 진한은 곧 신라입니다."

그런데 한백겸(韓百謙, 1552~1615년)에 의해 이런 인식에 변화가 생긴다. 한백겸은 '한국'의 범위를 '남자남북자북(南自南北自北)'으로 구분했다. 한백겸의 《동국지리지(東國地理志)》에 나오는 한 구절을 보자.

"남쪽은 옛날부터 남쪽이고, 북쪽은 옛날부터 북쪽으로, 본래 서로 침범하지 아니하였다. 비록 그 한계가 확실하게 어느 곳이었는지 알지 못하나, 아마 한강 남쪽 일대에 지나지 아니하였을 것이다. 최치원이 이르기를, '마한은 고구려, 변한은 백제'라고 한 것이 첫째 잘못이고, 권근은 비록 마한이 백제가 되는 것은 알았으나 고구려가 변한이 아니라는 것은 역시 알지 못하였으니, 이것이 두 번째 잘못이다. 이로부터 역사가들이 그릇되고 잘못된 것을 그대로 이어받아서 다시는 그 지역에 대해 그 사실을 밝히지 아니하여 드디어 한 구역의 삼한 땅을 가지고 좌우로 끌어당겨 어지럽고 착잡하여서, 지금에 이르기까지 수천 년 사이에 정설(定說)이 없으니, 어찌 애석함을 이길 수 있겠는가?"

삼국 이전의 한반도는 한강을 구분선으로 하여 남과 북으로 나뉘어 독자적으로 역사가 전개됐다는 것이다. 북쪽은 삼조선, 남쪽은 삼한의 땅. 삼한의 마한은 백제, 진한은 신라, 변한은 가야로 계승됐단다. 고구려 대신 가야가 등장한다. 이 같은 인식은 이후 정설로 통했다.

한백겸의 주장에서 특별히 눈여겨봐야 할 게 하나 있다. 그동안 우리나라의 발전 단계를 '삼조선 → 사군 → 삼한 → 삼국'으로 본 것을 부정하고 남자남북자북을 주장한다. "남쪽은 남쪽대로, 북쪽은 북쪽대로" 발전했다는 것이다. 그런데 발전 단계에 '사군'이 등장한다. 이 '사군'은 무엇인가.

사군은 한사군(漢四郡)을 뜻한다. 한나라가 설치한 네 개의 군. 이것도 사실 우리가 학창 시절에 배운 역사 상식에 자리 잡고 있긴 하다. 시험문제에 자주 등장한 터라 한사군의 이름 정도는 또렷이 기억한다. 낙랑군(樂浪郡), 임둔군(臨屯郡), 현도군(玄菟郡), 진번군(眞番郡).

이 한사군은 BC 108년 전한 무제가 위만조선을 멸망시킨 뒤 그 영토를 통치하기 위해 설치했다고 한다. 여기서 그 영토란 위만조선, 즉 우리나라를 의미

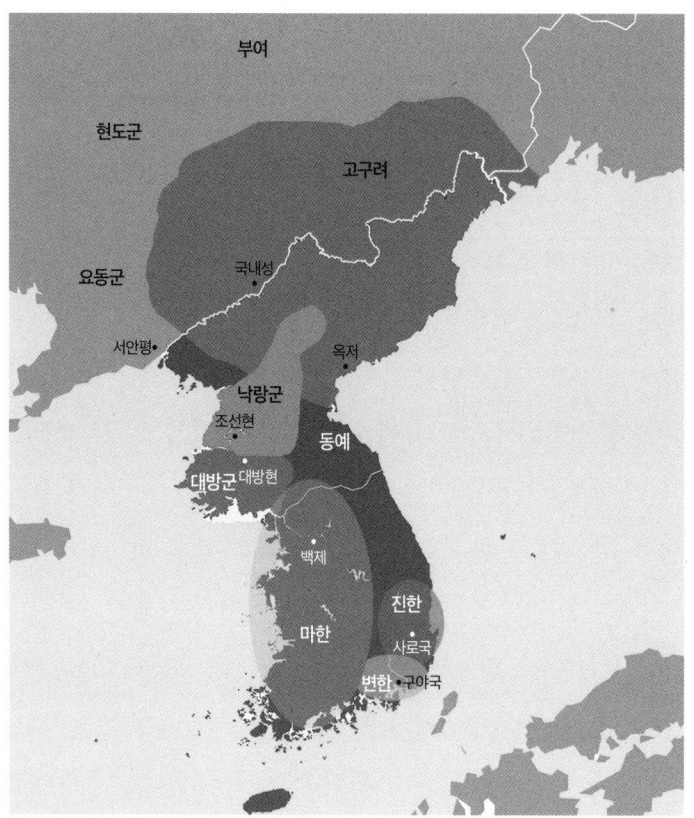

41 | 한사군 설치 무렵의 지도.

한다. 위치가 한반도 내라는 주장과 만주 일부까지라는 설이 교차한다.

얼핏 보아 한나라가 위만조선을 멸망시키고 원활한 통치를 위해 뭔가를 설치하는 것은 당연하다. 중국 한나라 입장에서 보면 그렇다.

그런데 한사군의 실체는 있었다고 하더라도 여기에는 여러 가지 의미가 복합적으로 담겨 있다. 일단 한사군의 '한'과 삼한의 '한'은 다른 글자이다. 한사군의 한은 '漢'으로 중국 한나라를 의미하고, 삼한의 한은 우리 대한민국의 '韓'이다.

그런데 식민사학에서 한사군을 일제의 식민지 정당화 수단으로 활용했다. 한사군을 한나라의 식민지로 규정하고, 이에 우리 역사가 식민지에서 시작했다고 주장하는 것이다. 이 논리는 우리 역사가 스스로의 힘으로 발전한 것이 아니라 외부 세력에 의해 이루어졌다는 '타율성론(他律性論)'의 근거로 사용되기도 했다.

그렇지만 한사군이 존속한 기간과 멸망 과정을 보면 이 같은 주장이 얼마나 허무맹랑한가를 알 수 있다. 진번군과 임둔군은 불과 25년 만에 소멸되고, 현도군도 20여 년 만에 토착 세력에게 점령된다. 이렇듯 한사군은 불과 30여 년 만에 낙랑군만 남기고 소멸된다. 낙랑군도 313년 고구려 미천왕에게 멸망하여 복속된다.

여기서 우리가 주목해야 하는 점은 한사군과 밀접한 지역에 있던 고구려나 예(濊)와 맥(貊), 그리고 삼한 등이 한사군을 퇴출시킴으로써 우리의 민족의식을 고양했다는 점이다. 즉 한사군은 우리가 독자적인 국가를 성립하는 것을 잠시 지연시킬 수는 있어도 막지는 못했던 것이다.

훗날 역사 연구가 이루어지면서 한사군은 유명무실하며, 가장 오래 존속한 낙랑군도 군이라기보다는 대동강 유역의 좁은 지역에서 이름만 유지할 정도였다고 한다. 특히 통치 기구라기보다는 중국의 무역·통신업무 등을 수행하는 상업적인 기능이 강한 조계지(租界地)라는 주장도 있다.

자, 이쯤에서 정리하자. 국호에 '한'이 등장한 역사는 엄청나게 복잡하고 논란도 많다. 물론 우리 고대사에 대한 고증학적 이해가 전제돼야 한다. 하지만 유물이나 기록의 부족으로 연구의 한계가 큰 데다 일제강점기 식민사학의 그늘까지 드리워져 더 혼란스럽긴 하다.

이런 배경으로 보아 고종이 반조문에서 "또한 매번 각국의 문자를 보면 '조선'이라고 하지 않고 '한'이라 하였다"거나 "이는 아마 미리 징표를 보이고 오늘이 있기를 기다린 것이니, 세상에 공표하지 않아도 세상이 모두 다 '대한'이라는 칭호를 알고 있을 것이다"고 한 말을 이해할 수 있다.

특진관 조병세가 고종의 이 같은 주장에 대해 화답했다.

"각 나라의 사람들이 조선을 한이라고 부르는 것은 그 상서로운 조짐이 옛날부터 싹터서 바로 천명이 새로워진 오늘날을 기다렸던 것입니다."

조병세의 아부성 말에 큰 의미를 두고 싶지는 않다. 다만 외국에서 '조선' 대신 '한'이라고 불렀다는 주장에는 귀 기울여 보자.

사실 조선 건국 초기에 주변에서 '한'이라고 불렀다고 한다. 물론 보편적인 것은 아니었다. 아직 새 나라의 국호에 대한 이해도가 낮아서 옛날 명칭을 부른 게 아닌가 싶다.

또 일제도 우리를 주로 '한'으로 많이 불렀다고 한다. 아마도 식민 지배의 정당화와 함께 이때의 정체성인 '조선'을 은폐하기 위한 수단으로 사용한 것으로 보인다. 조선 민족의 영속성과 동질성을 훼손하려는 의도가 깔렸던 것이다. 더욱이 국가라기보다는 '한'이라는 이름으로 지역 주민 취급을 하려 했던 것으로 보인다.

'조선' 대신 '한'을 선택한 숨은 의도

고종이 '대한제국'이라는 새 국호를 제정하며 '조선' 대신 '한'을 선택하는 과정에서 심순택이 한 말이 계속 마음에 걸린다.

"우리나라는 기자가 옛날에 봉해진 조선이라는 이름을 그대로 칭호로 삼았는데 애당초 합당한 것이 아니었습니다."

심순택이 과연 국호 '조선'이 합당한 것이 아니라고 한 말이 아부하기 위해 그냥 갖다 붙인 구실일까. 아니다. 여기에는 분명 이유가 있을 것 같다. 그 일단의 답을 《'대한민국' 국호의 탄생》에서 찾았다.

저자 이선민이 콜럼비아대 역사학과 교수 출신으로 캐나다 토론토대 동아시아연구소에 있는 앙드레 슈미드(Andre Schmid)의 《제국 그 사이의 한국(Korea Between Empires 1895~1919)》에서 인용한 구절이 내 눈길을 끌었다. 우선 《제국 그 사이의 한국》의 한 구절을 보자.

"1890년대 후반, 조선왕조 명칭의 기원이 근대적인 주권의 관점에서 새롭게 조명되기 시작했다. 조선이라는 국호는 지난 500년 동안 한 번도 도전받아 본 적이 없었다. 이제 중국에 조공을 바쳐 지속되는 기존의 정치에 대한 반대가 거세지면서 '조선'은 거부되고 '한'이 선호됐다. '한'은 반도의 남쪽에 위치해 있으며, 고대 왕조의 자취를 찾을 수 있는 지역이었다. 무엇보다도 중국의 지배를 전혀 받지 않은 지역이라는 점이 중요하게 어필했다. 고대 한 왕조의 전통은 '독립'의 느낌을 함축하고 있었기에 새로운 황제와 그의 제국은 '한'이라는 국호를 선택했던 것이다."

앙드레 슈미드의 주장을 다 받아들일 수는 없다. 고종이 한반도의 남쪽에 위치한 후삼한의 강토를 생각하고 '한'이라는 국호를 썼을까. 만약 그랬다면 한강 이북의 강토는 대한제국의 강토가 아니게 된다. 고종이 우리의 한강 이북의 강토까지 포기하며 '한'이라는 국호를 선택했다고 볼 수 없다. 앞에서도 이야기했지만 아마도 고종은 만주에서 한반도에 이르는 전삼한을 생각하여 '한'을 선택했다고 보는 게 합리적인 추론 아닐까.

다만 이선민이 앙드레 슈미드의 주장을 설명하면서 해석한 부분에서 고종이 '조선' 대신 '한'을 선택한 나름의 이유를 엿볼 수 있다. 《대한민국》 국호의 탄생》에 나오는 이선민의 설명을 보자.

"즉, 19세기 말 근대적인 세계 질서 속의 자주 국가로 새 출발 하려는 조선왕조에게 가장 큰 문제는 오랫동안 종주국(宗主國)으로 인식되던 중국과의 관계를 재정립하는 것이었고, 이는 국호라는 측면에서 볼 때 '조선 = 예속', '한 = 독립'으로 인식됐다는 설명이다."

앙드레 슈미드는 한 번도 중국의 지배를 받지 않은 땅이라는 의미에서 지금까지 역사 상식으로 알고 있던 한강 이남의 '삼한'을 생각한 것이다. 다시 말해, 새로 황제국이 된 마당에 '독립'의 의미를 국호의 행간에 담고 싶었다는 것이다. 앙드레 슈미드의 인용문에 "중국의 지배를 전혀 받지 않은 지역"에 방점을 찍고 있지 않은가.

글쎄, 난 이 점도 선뜻 동의하기 어렵다. 알다시피 우리나라는 중국과의 사대관계에 크게 저항한 흔적이 거의 없다. 사실 우리나라와 중국과의 사대관계는 상당히 오래된 하나의 전통이었다. 어떤 사람은 진시황제 때부터 시작됐다고 주장하기도 한다.

그래서인지 명나라가 조선더러 3년에 한 번 와도 된다고 했지만, 조선은 되레 예의에 어긋난다며 1년에 세 번을 갈 정도였다. 친하면 친할수록 더 예의를 지켜야 한다는 논리였다.

사실 우리는 사대관계를 '사대주의'로 편협하게 해석해 상당히 부정적으로 인식하고 있다. 아마도 대일항쟁기 때 일제가 식민지의 정당화 수단으로 내세운 '타율성론'의 배경으로 사용했기 때문이 아닌가 싶다. 조선은 애초부터 남에게 의지하는 나라라는 인식을 심어 일제의 식민지화도 이런 차원에서 이해하면 된다는 논리를 펼쳤다.

그런데 사대관계가 그렇게 나쁘기만 한 것인가. 이왕 이야기가 나온 김에 엉뚱한 데로 새는 기분이지만 조금 언급하고 넘어가겠다.

'사대(事大)'란 말의 출전은 《춘추좌씨전(春秋左氏傳)》의 "예지자 소사대 대자소지위(禮也者 小事大 大字小之謂)"라는 구절이다. "예는 작은 나라가 큰 나라를 섬기고, 큰 나라가 작은 나라를 아끼는 것을 이른다." 잘 알겠지만, '사(事)' 자에 대한 해석으로 굳이 알은체하면, '섬기다'라는 뜻이다.

그런데 우리는 지금까지 '사대'에다 '주의'를 붙여 사대주의란 말로 그 의미를 깎아내리는 것만 들어왔다. 그런데 《춘추좌씨전》에는 '사대'뿐만 아니라 '사소(事小)'에 대해서도 언급하고 있다. 심지어 '사대'만으로는 예를 다 갖추지 못하니 '사소'까지 있어야 한다는 의미로 문장이 구성되어 있지 않은가. '사대'는 '사소'와 짝을 이루어 상호작용한다는 뜻이다. 어떻게 보면 큰사람(어른)을 만났을 때 작은 사람(아이)은 큰사람에게 인사하고, 큰사람은 고개를 뻣뻣이 세우고 지나치는 게 아니라 목례라도 하며 알은체해야 비로소 서로 예를 갖춘 거라 하지 않는가.

《맹자》도 〈양혜왕(梁惠王)〉 편에서 "어질다는 것은 큰 것이 작은 것을 사랑하는 것이고(惟仁者 爲能以大事小) (중략) 지혜롭다는 것은 작은 것이 큰 것을 섬기는 것이다(惟智者 爲能以小事大)"라고 하지 않았는가.

전부 동의할 수는 없지만 사실 당시의 세계관은 '천조예치(天朝禮治)'라는 말로 요약할 수 있다. 하늘 아래 있는 세상은 하나의 왕조이고 그곳은 의례로써 다스려진다는 의미다.

그렇다면 우리와 중국과의 관계는 '사대주의'가 아니라 '사대교린(事大交鄰)'이라는 용어를 써야 하지 않을까. 이건 중국과 우리가 대등한 관계에서 자주적으로 외교 관계를 이루었다는 의미다.

논리의 비약이라 할지 모르겠는데, 원래 '사대'는 그런 의미에서 쓰던 용어였다. 그게 말했듯 훗날 악용됐다고 볼 수 있다.

그래서 다시 앙드레 슈미드의 이야기로 돌아가면, 고종이 과연 '독립'이라는 가치를 국호 속에 넣었을까 하는 의구심이 들긴 한다.

국호 '조선'은
누가, 어떻게 지었을까

그렇다면 자연스럽게 우리의 궁금증은 이성계가 창건한 '조선'의 국호는 어떻게 제정됐고, 또 어떤 의미가 있는지로 옮겨간다. 조선의 국호 제정 과정을 살펴보자.

알다시피 전투에 참전했다 하면 '무패'를 자랑하는 고려 무장 이성계가 요동 정벌에 나섰다. 그런데 갑자기 압록강 하류에 있는 위화도에서 말머리를 도로 개경으로 돌려 쿠데타를 일으킨다. 그리고 나서 이성계는 공양왕을 폐위시켜 고려를 멸망시키고 새 나라를 세운다.

이성계가 쿠데타를 성공시키고 태조로 즉위하기까지의 나라 이름은 여전히 '고려'였다. 그러다 이성계는 주위의 적극적인(?) 권유를 마지못해 받아들이는 형식을 취해 왕이 된다. 혈연관계가 없는 다른 사람에게 왕위를 물려주었기 때문에 선양(禪讓)의 형식이었다. 참고로 혈연관계가 있는 사람에게 왕위를 물려주는 것은 양위(讓位)라 한다. 왕의 성을 바꾸는 '역성혁명(易姓革命)'을 완성한 것이다. 1392년 7월 17일, 이성계는 수창궁에 나아가 왕위를 계승하여 새 왕조를 열었다.

새 나라의 왕이 된 이성계는 나라 이름은 그대로 '고려'로 두었다. 다만 명나라에 계품사(計稟使)인 전 밀직사(密直使) 조임(趙琳)을 보내 새 왕조가 창건됐음을 알리는 표문을 올렸다. 이 표문은 이성계가 새 왕조를 창건하기에 이르는 과정을 적은 다음, 왕위에 오르라는 주변의 권유를 두세 번 사양하다 받아들였다며, 성심(聖心)으로 재가하여 백성들의 뜻을 안정하게 하겠다는 내용이었다.

그런데 조임이 남경에서 돌아올 때 명나라 예부의 자문을 갖고 오면서 상황이 분주해졌다. 그 내용은 이랬다. 《태조실록》 1392년 11월 27일(음) 자 기사이다.

"고려는 산이 경계를 이루고 바다가 가로막아 하늘이 동이(東夷)를 만들었으므로, 우리 중국이 통치할 바는 아니다. 너희 예부에서 회답하는 문서에 '임금의 명성과 교화는 자유로이 할 것이며, 과연 하늘의 뜻이 따르고 사람의 마음에 합하여 동이의 백성을 편안하게 하고, 변방에서 서로 사이가 벌어지는 단초를 발생시키지 않는다면, 사절이 왕래할 것이니, 실로 그 나라의 복일 것이다. 문서가 도착하는 날 나라에서 어떤 칭호로 고칠 것인가를 빨리 달려와서 보고할 것이다'라고 하였소."

이같이 조임이 갖고 온 자문은 변방에서 서로 사이가 벌어지는 일을 만들지 않도록 하고, 새 나라는 알아서 통치하면 된다고 했다. 그러면서 "나라에서 어떤 칭호로 고칠 것인가" 하면서 국호를 새로 정해야 하지 않겠느냐고 권유한다. 그러자 태조는 그날로 원로대신과 백관들을 모아 국호에 관해 의논하도록 지시한다.

태조 3년인 1395년 정도전이 편찬한 《조선경국전》에 국호를 어떻게 제정했는지에 대해 기록해 놓았다.

"해동(海東, 우리나라를 지칭하는 말로 '발해의 동쪽'에 위치한 나라)의 나라들은 국호가 일정하지 않아서 '조선'이라고 부른 것이 셋이 있었다. 단군, 기자, 위만이 그것이다. 박씨, 석씨, 김씨가 서로 계승하여 '신라(新螺)'로 불렸고, 온조(溫祚)는 '백제(百濟)'로 불렸고, 견훤(甄萱)은 '후백제(後百濟)'로 불렸다. 또한 고주몽(高朱蒙)은 '고구려(高句麗)'로 불렸으며, 궁예(弓裔)는 '후고구려(後高句麗)'로 불렸다. 왕씨는 궁예를 대신한 뒤에 전히 고려의 국호를 답습하였다. 이들은 모두 한 지역을 몰래 차지하여 중국의 칙명을 받지 않고 스스로 국호를 세우고, 서로 침략하고 빼앗았으니 비록 국호를 칭한 것이 있다고 하더라도 이를 어찌 받아들일 수 있겠는가? 다만 기자만이 주나라 무왕의 명령을 받아 조선후(朝鮮候)가 되었다. 지금 중국(명)의 천자는 고명에서 이렇게 말하였다.

'오직 조선이라는 칭호가 아름다울 뿐 아니라 그 유래가 매우 오래다. 이 이름을 근본으로 하여 받들고 하늘을 좇아서 백성들을 기르면, 길이 후손들이 번창할 것이다.'

주 무왕이 기자에게 명한 것처럼, 명(明) 천자가 전하에게 명하였으니, 이름이 바로잡히고 말도 적당해진 것이다. 기자는 무왕에게 홍범(洪範)을 가르쳤고, 홍범의 뜻을 부연하여 '팔조(八條)의 교(教)'를 지어서 우리나라에서 실시하니, 정치의 교화가 크게 이루어지고 풍속이 지극히 아름다워졌다. 조선이라는 이름이 천하 후세에 알려진 이유가 여기에 있다. 이제 '조선'이라는 아름다운 국호를 답습하였으니, 기자의 선정(善政)도 마땅히 강구해야 할 것이다. 오호라! 명 천자의 덕도 주 무왕에 비교하여 부끄럽지 않거니와 전하의 덕, 또한 어찌 기자에 비하여 부끄러움이 있겠는가! 장차 '홍범의 학(學)'과 '팔조의 교'가 오늘날 다시 시행되는 것을 보게 될 것이다. 공자(孔子)는 말하였다. '내가 그 나라를 동쪽의 주(周)나라로 만들겠노라'고. 공자가 어찌 나를 속이겠는가?"

《조선경국전》은 국호를 지어 명나라에 올려 '조선'으로 낙점받은 후까지의 과정을 담고 있다. 그래서 보충하는 의미로 어떤 국호가 지어졌고, 또 명나라가 어떤 국호를 골라 주었는지에 대해서도 알아보자.

어쨌거나 태조의 지시로 대소신료들이 곧바로 논의에 들어가 여러 가지 국호 후보가 천거되었을 것이다. 이 가운데 새 왕조는 두 개를 골랐다. 하나는 '조선'이고, 또 하나는 '화령(和寧)'이었다.

'조선'은 《조선경국전》에 언급이 있어 그 이유를 알겠는데, 화령은 또 뭔가. 듣보잡(듣도 보도 못한 잡것)이 아닌가. 자, 흥분하지 말고 이 듣보잡 같은 국호 후보 '화령'이 무엇인지 알아보자.

화령은 지명이다. 함경도 남부에 있는 군 이름으로, 고려 초기 여진족을 토벌하고 영토로 편입하고는 '화주(和州)'라고 불렀다. 그러다 공민왕 때 몽골의 쌍성총관부를 수복하여 없애고 '화령부'로 승격되었다고 한다. 새 국호 후보 '화령'은 바로 새 왕조의 창건자인 이성계의 고향 이름이다.

사실 많은 학자가 새 국호 후보로 '화령'이 오른 것에 대해 이해하지 못한다. 그래도 국호라면 여러 가지 정체성을 담아야 할 터인데, 고작 창업자의 고향 이름이라는 데서 이미 폐기될 함량 미달 국호로 생각했을 테다.

한편에선 새 국호를 '조선'을 염두에 두고 명나라 황제가 낙점하기 좋게 차이 나는 후보 이름을 정한 것은 아니겠냐는 의견도 있다.

물론 조임이 갖고 온 '자문'을 보면 국호를 독자적으로 정하여 명나라에 알리기만 해도 될 것 같은데, 두 개를 올렸다. 여기에 대해서도 명나라에 예를 갖추기 위함이라고 설명한다. 하나만 정해 올리는 것은 국호를 이렇게 정했으니 그렇게 알라는 '통보'가 아니겠느냐. 두 개를 올려 황제가 하나를 고르도록 하는 게 예의라는 것이다. 지극히 동방예의지국다운 발상이라는 생각이 든다.

이렇게 새 국호 후보로 두 개가 정해지자 다시 명나라에 사신을 보낸다. 이번 사신은 그 유명한 훗날 훈구파의 거물 한명회의 할아버지인 예문관제학 한상질(韓尙質)이었다. 그가 자청했다고 알려져 있다. 이성계는 한상질에게 들려 보낸 주문(奏聞)에서 이렇게 말했다.

"삼가 간절히 생각하옵건대, 소방(小邦)은 왕씨 후손 요(瑤, 공양왕)가 혼미하여 도리에 어긋나 스스로 멸망하게 되니, 온 나라의 신민들이 신을 추대하여 임시로 국사를 보게 하였으므로 놀라고 두려워서 몸 둘 곳이 없었습니다. 요사이 황제께서 신에게 권지국사(權知國事, 왕호를 받기 전 임시로 나랏일을 맡아 다스리는 칭호)를 허가하시고 이내 국호를 묻게 되시니, 신은 나라 사람과 함께 감격하여 기쁨이 더욱 간절합니다. 신이 가만히 생각하옵건대, 나라를 차지하고 국호를 세우는 것은 진실로 소신(小臣)이 감히 마음대로 할 수가 없는 일입니다. 조선과 화령 등의 칭호로써 총명하신 황제께 보고하여 건의하니, 삼가 재가(裁可)해 주심을 바라옵니다."《태조실록》 1392년 11월 29일 자)

그러자 명 태조는 '조선'을 낙점하고는, 앞서 본 《조선경국전》 인용문 속에 있는 작은따옴표의 말을 했다고 한다. 내용은 거의 비슷한데 이번에는 《태조실록》의 기록을 인용해 본다.

"동이의 국호에 다만 조선의 칭호가 아름답고, 또 이것이 전래한 지가 오래

되었으니, 그 명칭을 근본하여 본받을 것이며, 하늘을 본받아 백성을 다스려서 후사를 영구히 번성하게 하라."

태조는 감격해 기뻐하며 사신으로 다녀온 한상질에게 전지(田地) 50결(結)을 상으로 주어 그 기쁨을 감추지 못했다고 한다. 한상질은 감격에 겨워 시를 남겼다.

"사신으로 갔다가 고향으로 돌아오는 날
조선이 개국한 초기이라
임금은 성지(聖旨)를 맞이하고
부로(父老)들은 첨서(簽書, 편지)를 하례하도다
길에 떠들썩 풍악을 잡고
깃발은 하늘을 덮었구나
이런 것이 금의환향이라는 것
그 영광 누가 나인 줄 알리"
《신증동국여지승람》 제15권 〈충청도〉 '청주목'

태조는 한상질이 갖고 온 자문에 대해 이렇게 교지를 내렸다.

"아아! 나라를 세워 자손에게 전하고, 이미 국호를 고쳤으니, 정치를 시행해 인정(仁政)을 펼치고 마땅히 백성의 일에 힘쓰는 정치를 펴야 할 것이다."

'조선'이라는 국호는 이런 과정을 거쳐 새 나라의 이름이 되었다. 그런데 태조의 26대손인 고종이 '조선'을 '대한제국'으로 바꾸었다. '삼한'의 국호를 선택하는 대신 '조선'을 버린 셈이다.

 글쎄, 심순택의 말처럼 '조선'이라는 국호는 합당한 것이 아닌 것일까. 앙드레 슈미드의 지적처럼 '조선 = 예속', '한 = 독립'이란 등식이 과연 받아들여질 수 있을까 싶다.

고대 문헌 속
'한'의 기원

작가 김진명이 국호의 비밀(?)에 관해 다룬 소설 《천년의 금서》와 관련한 꼭지를 쓸 것인가 말 것인가를 놓고 솔직히 고민했다. 우선 이 작품이 픽션(소설)이라는 점에서 어디까지가 사실일까 하는 의구심이 강하게 들었다. 픽션은 작가가 역사적 사실과 다르게 자기 상상력을 맘껏 발휘할 수 있기 때문이다.

또 하나, 소재가 역사적 사실에 근거한 것이라 하더라도 과연 우리나라 국호 '한'의 실체를 밝힐 만큼 그 자료가 충분한가 하는 점이었다.

하지만 나는 이 작품 이야기를 하기로 했다. 이 두 가지 의구심에도 불구하고 되레 '한'의 뿌리를 찾아가든, 상상하든 또 다른 즐거움이 있을 것 같아서다.

우리나라 출판 역사상 가장 많이 팔린 책 중 하나로, 무려 6백만 부 판매를 기록한 밀리언셀러 《무궁화꽃이 피었습니다》의 작가 김진명이 《천년의 금서》를 발표한 때는 2012년이었다.

김진명은 어느 날 문득 이런 궁금증이 들었다고 한다. 도대체 국호에 들어 있는 '한'은 어디에서 왔을까. 작가는 자신의 마음을 작중인물을 통해 발언했다.

"명색이 역사학자이자 국사편찬위원이고 대학에서 선생질을 하고 있는 사람이 대한민국이 왜 대한민국인지, 한국인이 왜 한국인인지, 한반도가 왜 한반도인지, 도대체 그 한(韓)이라는 글자가 어디서 왔는지를 설명할 수 없다는 게 말이 됩니까?"

이에 작가는 "당시만 해도 두만강과 압록강을 국경으로 두고 있었던 조선이 고작 한반도 남단에 움츠리고 있었던 약소국인 삼한을 잇고자 국호를 바꿨을까"라는 '상식적 의문'에 주목하지 않을 수 없었다고 한다.

이렇게 하여 김진명은 한반도에 세워진 우리 민족의 최초 국가는 BC 3세기에 세워진 '고조선'이 아니라 BC 9세기 무렵에 있었던 '한'임을 발견한다.

사실 그의 주장은 우리나라 최초 국가가 단군이 세운 고조선이라는 기존 학설을 송두리째 뒤엎는 것이어서 일단 사실 여부를 떠나 벌어진 입을 다물 수 없을 만큼 파격적이었다.

그러면서 김진명은 그냥 상상력에 기반한 주장이 아니라 나름의 근거도 제시했다. 우선 그가 제시한 서지학적 근거는 《시경》의 〈한혁(韓奕)〉 편과 왕부(王符)가 쓴 《잠부론(潛夫論)》이다. 《시경》의 〈한혁〉 편에 나오는 기록부터 보자.

"한후(韓侯)는 맥(貊)족을 복속시키고 그 땅의 제후가 되었다."

"한후가 수도에 들자 선왕(宣王)은 경계를 논하였으며 조카딸을 시켜 밤 시중을 들게 하였다."

여기서 맥족은 예족과 함께 예맥족으로 불리며 우리 민족의 옛 고대 종족이자 직계 조상으로 꼽힌다. 그런 점에서 한후가 맥족을 복속시키고 그 땅의 제후가 되었다면 '한'의 뿌리가 될 수 있다는 논리다.

조선 후기 문신 홍양호(洪良浩)가 한민족 국가의 강역이 "지역적으로 연(燕)나라, 제(齊)나라와 가까웠다"고 했는데, 정조가 "조상의 공덕을 드러내고 선인의 아름다움을 드날린 것으로 《시경》과 《서경》보다 더 자세한 것은 없다"고 답한 것에서 근거의 신뢰성이 있음을 보여준다.

그럼 《잠부론》은 어떤가. 이 책은 후한의 철학자이자 사상가인 왕부가 쓴 문집으로, 변방과 이민족의 침입에 대한 국방정책 등을 담은 고대 중국의 대표적 정치평론서이면서 철학서라고 할 수 있다. 왕부는 이 책 〈씨성(氏姓)〉 편에 한후를 등장시킨다.

"옛날 주 선왕 때에 역시 한후(韓侯)라는 자가 있었으며, 그 땅은 연나라에 가까웠다. 그래서 《시경》에 이렇게 노래하였다. '크고 큰 저 한성이여 연나라 백성이 쌓았도다.' 그 뒤의 한서 역시 성이 한씨로 위만에 멸망하여 바다 쪽으로 옮겨 갔다['昔周宣王亦有韓侯 其國也近燕, 故詩云 '普彼韓城 燕師所完' 其後韓西亦姓韓 爲魏滿所伐 遷居海中']."

이 내용을 보면, 우리가 앞에서 위만조선과 관련해 이야기했던 것과 크게 다르지 않다.

김진명은 과학적 근거도 제시했다. 주류 사학계가 위서(僞書)라고 하는 《단군세기》에 나오는 대목을 실제 과학적으로 입증해 보니 사실과 부합하더라는 것이다.

《단군세기》에 "13세 단군 흘달(屹達) 재위 49년(BC 1734년)에 오성취루[五星

聚婁, 화성·수성·목성·금성·토성이 양자리(Aries)에 한 줄로 모였다] 현상이 있었다"는 기록이 있다고 한다.

그래서 김진명은 이 기록의 사실 여부를 알기 위해 서울대 천문학과 박창범 교수의 도움을 받아 입증했다고 한다. 박 교수가 천문학 실험을 한 결과, 거의 오차 없이 BC 1733년에 '오성취루' 현상이 있었음이 확인됐다는 것이다. 기록은 BC 1734년이므로 1년의 차이가 있기는 하다.

혹자는 1년도 차이라면 차이가 아닌가 하고 반문할지 모르겠는데, 이에 대해서 박 교수는 장구한 역사에서 1년이라는 차이는 큰 문제가 되지 않는다고 했다.

혹시 이 하나의 실험 결과로 일반화하는 것이 아니냐고 다시 반박할지 모르겠다. 그래서 박 교수는 한 가지 실험을 더 했다. 같은 고서에 등장하는 '남해조수퇴삼척(南海潮水退三偶)', 남해의 바닷물이 3척이나 뒤로 물러났다는 자연현상에 관해서다. 그 결과 이것도 사실에 가까운 것으로 밝혀졌다.

사실 천문현상이 기록과 일치한다면 우리 조상들의 천문학적 지식과 문화가 역시 탁월했고, 따라서 기록의 신빙성을 의심하기에는 설득력이 떨어진다고 말할 수 있다.

이런 점에 비추어 김진명은 고조선이라는 나라가 분명히 존재했으며, 한후의 활약 시기로 볼 때 우리의 역사가 기존의 BC 2333년 건국설보다 3천 년은 더 거슬러 올라가야 한다고 주장했다.

'한' 앞에
'대'를 붙인 이유

조선의 국호가 '한'이 아니라 '대한'으로 바뀌었다. 그렇다면 이 '대(大)' 자는 도대체 왜 붙였을까.

우리나라 사람들은 '대' 자 붙이기를 좋아한다. 사람 이름이든 지역 이름이든 가리지 않고 웬만하면 아무 의미 없이 앞에다 '대' 자를 붙여 부른다. 예나 지금이나 다르지 않다. 이름에 아예 집어넣기보다는 지어진 이름 앞에 접사처럼 갖다 붙인다. 가령, 대통령, 대기업, 대조선, 대가야, 대스타, 대기록, 대공원, 대인, 대사건….

그래서 '한'이라는 나라 이름 앞에 붙인 '대' 자도 이런 범주에서 이해하려는 사람들이 많다. 이게 틀렸다고만 할 수 없다. 충분히 그럴 수도 있다는 게 합리적 추론이니까. 이런 사정을 미리 마음에 두고 국호 '대한'의 '대' 자 의미를 천착해 보자.

우선 고종이 대한제국이라는 국호를 정하면서 한 말을 보자. 《고종실록》 1897년 10월 11일 자 기록이다. 앞에서 이미 인용했던 것을 다시 인용한다.

"우리나라는 곧 삼한의 땅인데, 국초에 천명을 받고 통합하여 하나가 되었으니, 지금 국호를 대한(大韓)이라고 정하는 것은 불가한 것이 아니다. 또한 종종 각 나라의 문자를 보면 조선이라고 하지 않고 한(韓)이라고 하였다. 이는 아마도 미리 징표를 보이고 오늘을 기다린 것이니, 천하에 공표하지 않더라도 천하가 모두 대한(大韓)이라는 칭호를 알고 있을 것이다."

고종의 이 같은 발언을 보아 '대한'에 붙인 '대' 자가 의미 없이 갖다 붙인 접사는 아닌 듯하다. '세 나라가 통합되었다'는 말은 그 행간에 '크게 되었다'는 뉘앙스가 들어 있다. 그래서 일단 '크다'는 의미에서 붙인 게 아닐까.

훗날 친일로 변절했지만 '기미독립선언서'를 썼던 최남선이 《조선상식문답》에서 국호 '대한'에 대한 의견을 이렇게 설명했다.

"대한이라 함은 한(韓)은 한이지만 옛날 같은 작은 한이 아니라 지금은 커다란 한이라는 뜻을 보인 것이다. 이렇게 '대한'이란 것은 두 자가 다 합하여 나라 이름이 되는 것이요, 결코 대명(大明, 명나라)이나 대영(大英, 대영제국)과 같이 높이는 뜻으로 대자를 붙인 것이 아니며 '한국'이라 함은 실제 대한을 간단하게 부르는 것이다."

여기서 대한제국의 약칭이 '한국'이라고 했지만, 당시에는 이 약칭을 거의 사용하지 않은 것으로 보인다.

어떤 사람은 이렇게 해석하기도 한다. 조선이 과거의 군주국 조선이 아니라 이젠 황제국으로서 주변의 열강들과 대등한 자주독립 국가임을 대내외적으로 천명하기 위해 붙였다.

이런 의미를 생각해 보면 주변 열강들과 대등함을 나타냈다는 의미는 이해가 간다. 주변 열강은 청나라와 일본 등이 대표적인데, 이들 모두 황제국을 표방하고 있고, 호칭도 대청제국, 대일본제국으로 불리지 않았는가.

그래서 '대한'의 '대'는 대청제국, 대일본제국, 대영제국처럼 제국 앞에 관용적으로 붙이던 접사였다고 보는 사람도 있다.

이런 의미라면 '대'를 빼고 '한'으로만 불러도 되지 않을까 하고 생각할 수 있다. 하지만 과연 그럴까.

고종은 칭제건원하고 국호를 '조선'에서 '대한제국'으로 바꾼 다음 나름대로 통치 체계도 마련했다. 어떤 나라든 통치 이념을 담은 오늘날의 '헌법'과 같은 게 있게 마련인데, 조선시대에는 《경국대전》이 있었다. 이렇듯 대한제국도 일종의 성문헌법이랄 수 있는 것을 만들었는데, 그게 바로 '대한국 국제'이다. 여기서 국호를 분명하게 '대한국'이라고 명기하고 있다.

고종이 대한제국을 선포한 이후의 국호나 단체, 기관 등의 호칭이 어떠했는가를 봐도 '한'이 혼자서 국호 역할을 한 적이 거의 없다. 꼭 '대한'으로 쓰였다.

우선 이때 우리의 국호에 대한 정서를 가장 잘 반영한다고 할 수 있는 〈독립신문〉은 어떻게 썼을까. 1897년 10월 16일 자 1면 '론셜'이다.

"금월 십삼일에 나리신 죠칙을 인연하야 죠션 국명이 변하야 **대한(大韓)국**이 되엿으니 지금브터난 조선 인민이 **대한국 인민**이 된 쥴로들 아시오."

다른 기사보다 굵은 글씨로 쓴 것으로 보아 매우 중요한 기사임을 드러내며 이 글에서 조선을 '대한국', 조선 인민을 '대한국 인민'이라고 표기했다.

윤치호가 역술한 《찬미가》 14장에 나오는 〈Patriotic Hymn〉의 가사가 눈

 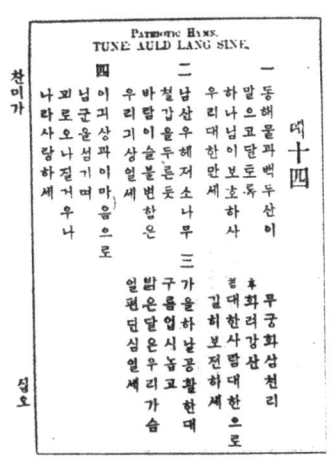

42 | 윤치호가 역술한 《찬미가》 표지. 43 | 《찬미가》에 수록된 〈Patriotic Hymn〉.

길을 끈다. 이 노래의 가사를 보면, 지금 우리 애국가와 많이 닮았다.

일(一)

동해물과 백두산이 말으고 달토록
하나님이 보호하사 우리 대한 만세
(후렴) 무궁화 삼천리 화려강산
대한 사람 대한으로 길히 보존하세

이(二)

남산 우헤 저 소나무 철갑을 두른 듯
바람 이슬 불변함은 우리 긔상일세

삼(三)

가을 하날 공활한대 구름 업시 놉고

밝은 달은 우리 가슴 일편단심일세

사(四)
이 긔상과 이 마음으로 님군을 섬기며
괴로오나 질거우나 나라 사랑하세

이 가사를 스코틀랜드 민요 〈올드랭사인(Auld lang sine)〉 곡조에 맞춰 불렀다고 한다. 훗날 안익태가 작곡한 애국가 곡조가 있었음에도 이 곡조로 부를 만큼 〈올드랭사인〉은 인기 있었다.

아무튼 이 책 《찬미가》가 공식적인 일제 강점인 1910년 이전인 1908년에 나왔던 점이 주목된다. 그때 이미 지금의 애국가 가사와 같은 노래가 있었다는 사실이 놀라운 것이다. 다만 여기서 이 노랫말과 애국가 사이의 관계를 살펴볼 여력이 없어서 이건 논외로 친다. 내가 굳이 이 《찬미가》를 인용하는 이유는 바로 가사 속에 '대한'이라는 국호 때문이다. 이때가 대한제국 시절이었으니 당연히 '대한'을 썼을 테다. '한'이라고 쓰지 않고 '대한'이라고 썼다.

자, 그럼, 그 유명한 안중근 의사의 휘호를 보자. '忍耐(인내)'라고 쓴 휘호 옆에 어떻게 표기하였는가. '大韓國人 安重根 書(대한국인 안중근 서)'라고 쓰고 약지가 잘린 안 의사의 왼손 손도장을 찍었다. 안 의사의 왼손 약지가 잘린 것은, 알다시피, 1909년 동지들과 3년 이내 이토 히로부미(伊藤博文)를 처단하지 못하면 자살로써 국민에게 속죄하겠다는 의미를 담아 왼손 네 번째 손가락 한 마디씩을 잘라 피로써 항일 투쟁 의지를 다지는 '단지동맹'을 맺었기 때문이다. 이 휘호 말고도 안 의사의 여러 휘호에는 '대한국인 안중근'이라 쓰고 손도장을 찍은 작품이 많이 남아 있다.

44 | 보물 제569-18로 지정된 '대한국인' 안중근 의사의 '인내(忍耐)' 유묵.

이뿐이 아니다. '대한협회'나 '대한자강회'와 같은 단체 이름은 물론이거니와, 〈대한매일신보〉나 〈대한민보〉 등 신문에서도 '대한'을 공식적으로 사용하고 있다.

즉, 조선이 황제국으로 바뀌면서 제정된 국호는 분명 '한'이 아니라 '대한'이었다. 주변국들도 '대한제국'을 공식 국호로 사용했다. 일부 유생들이 고집스럽게 조선을 사용했을지라도 대한제국의 국호는 '대한제국'이었다.

물론 나중에 대한의 '대'에서 제국주의 냄새가 난다며 부정적인 의견을 개진한 인사들도 있다. 해방공간에서 중도파로 '고려공화국'을 국호로 밀었던 현상윤의 말이다.

"대한의 '대' 자는 대영제국이나 대일본제국처럼 제국주의적 사상을 본떠 지었던 것이다. 오늘날 민주주의와 평화주의를 국시로 표방하고 있는 때에 국호로 채용하는 것은 불가하다. 따라서 국호는 고려민국이 낫다."

'대' 자에는 여러 의미가 있다. '크다', '넓다', '많다', '심하다', '으뜸' 등. 한자

'대(大)'가 사람이 팔다리를 벌리고 있는 모양을 본뜬 글자라서 큰 사람, 즉 성인을 나타내기도 한다.

아무튼 이 '대한'이 앞으로 어떻게 우리 근현대사의 주어로 자리 잡는지는 조금 더 지켜보자.

일제가 국호를 다시 '조선'으로 부른 까닭

　1897년 고종의 칭제건원으로 조선이 황제국인 대한제국이 되었지만, 이때가 한편으로는 우리 근대사에서 가장 암울한 기운이 드리우기 시작했던 때다. 이미 그전부터 시작되긴 했지만 실제로는 1876년 강화도조약을 시작으로 일제가 호시탐탐 대한제국의 식민화 작업을 구체화하고 있었다.

　당시는 왕비 중전 민씨를 시해한 을미사변이 일어나자 신변의 위협을 느낀 고종이 러시아 공사관으로 몸을 피한 '아관파천'을 하였다가 막 돌아온 무렵이었다.

　청일전쟁에서 이긴 일제가 외견상 조선을 '자주국'으로 만들어 자기들 입맛대로 조선을 쥐락펴락할 수 있는 여건을 만들더니 러일전쟁까지 일으켜 승리를 거머쥔다. 이제 일제는 우리 대한제국의 주변 열강 중 최강국으로 등장했다. 고양이가 호랑이가 된 셈이다.

　이런 상황에서 일제는 1905년 미국과 '가쓰라-태프트 밀약'을 맺는다. 당시 비밀로 했다가 훗날 들통난 이 조약은 필리핀의 지배권을 미국에 인정해 주는 대신 대한제국에 대한 지배권을 일제가 보장받는다는 게 주요 골자였다. 그러고는 그해 11월 17일 '을사늑약'을 체결한다. 제2차 한일협약이라고도 불리는 이 조약은 억지로 맺어서 '늑약'이라 불리는데, 대한제국의 외교권을 박탈하고 일본 제국의 통감부를 설치하는 것을 골자로 한 조약 아닌가.

이 조약을 체결할 때 우리가 대일항쟁기를 언급하려 하면 으레 나오는 '을사오적(乙巳五賊)'이 등장한다.

알다시피, 을사오적이란 말은 이 조약 체결을 위해 대한제국에 온 특명전권대사 이토 히로부미가 조약에 사인하라고 협박하는 과정에서 생긴 일이다. 고종이 조약에 서명하기를 거부하자 이토 히로부미는 헌병의 호위 속에 하세가와(長谷川) 주한 일본군사령관을 대동하고는 어전회의장에 들이닥쳤다. 거기서 이토 히로부미는 회의에 참석 중인 여덟 명의 대한제국 대신에게 칼을 들이대고 한 사람 한 사람 찬성 여부를 물었다. 참정대신 한규설이 대성통곡을 했다. 이토가 그를 별실로 데려가 "너무 떼를 쓰거든 죽여 버리라"라고 했다. 탁지부대신 민영기와 법부대신 이하영이 반대했다. 하지만 학부대신 이완용, 군부대신 이근택, 내부대신 이지용, 외부대신 박제순, 농상공부대신 권중현 등 다섯 명이 찬성했다. 이렇게 다수결로 협약안은 승인됐다. 이때 찬성한 다섯 명이 바로 을사오적이다.

45 | 을사오적. 왼쪽부터 권중현, 박제순, 이근택, 이완용, 이지용.

이 조약으로 사실상 대한제국을 식민화한 일제는 1910년 8월 22일 대한제국 내각총리대신 이완용과 일제 통감 데라우치 마사타케(寺內正毅)가 대표로 나서서 '한일병합조약(韓日倂合條約)'을 체결해 식민지 작업의 마침표를 찍는다.

"한국 황제 폐하는 한국 전체에 관한 일체 통치권을 완전히 또 영구히 일본 황제 폐하에게 양여한다."

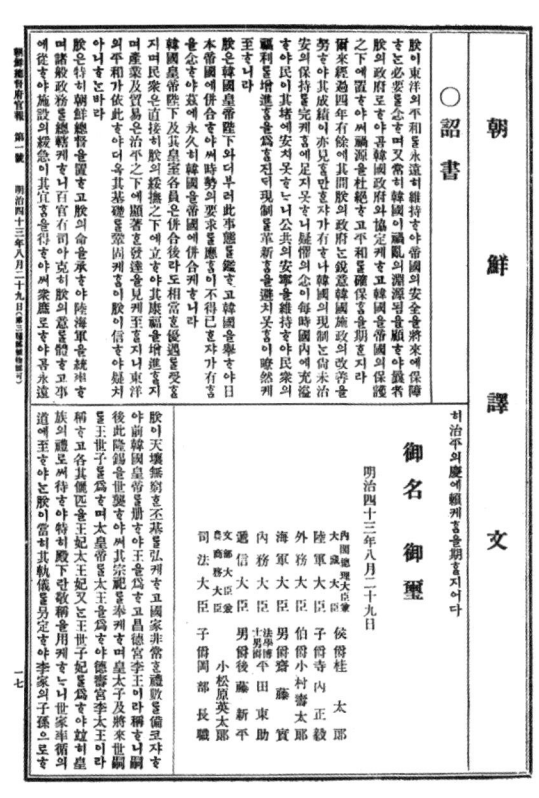

46 | 1910년 8월 29일 조선총독부 관보에 게재된 한일병합조약.

그리고 1910년 8월 29일, 순종 황제가 조칙을 발표한다.

"한국의 통치권을 종전부터 친근하게 믿고 의지하던 이웃 나라 대일본 황제 폐하에게 이전하여 밖으로 동양의 평화를 공고히 하고 안으로 팔역(八域, 팔도)의 민생을 보전하게 하니 그대들 대소 신하와 백성들은 나라의 힘과 때의 사정을 깊이 살펴서 번거롭게 소란을 일으키지 말고 각각 그 직업에 안주하여 일본 제국의 문명한 새 정치에 복종하여 행복을 함께 받으라. 짐의 오늘의 이 조치는 그대들 민중을 잊음이 아니라 참으로 그대들 민중을 구원하려고 하는 지극한 뜻에서 나온 것이니 그대들 신민들은 짐의 이 뜻을 능히 헤아리라."《순종실록》 1910년 8월 29일 자)

대한제국을 식민지로 삼는 데 성공한 일제는 국호부터 손대기 시작했다. 아니 그보다 이전부터 국호를 바꿀 작정이었다. 이 이야기는 윤대원 서울대 규장각한국학연구원 연구교수의 논문 〈일제의 한국병합과 '한국 황실 처분'의 정략적 함의〉를 참조 및 인용한 것임을 밝힌다.

5월 30일 제3대 조선 총독이 된 데라우치 마사타케는 비밀리에 '병합준비위원회'를 구성하는 한편 7월 7일 '병합실행방법세목'을 수립한다. 이 세목은 모두 21개 조로 구성돼 있는데, 제1조가 바로 '나라의 명칭'에 관한 것이었다.

"한국을 개칭하여 조선으로 할 것."

병합준비위원회는 대한제국의 국호를 논의할 때 "한국을 병합하여 제국의 일부로 삼는 이상 그 명칭을 '남해도(南海島)'라고 하는 것이 좋겠다"는 의견도 나왔다고 한다. 하지만 타이완을 식민지로 삼고 그 이름을 그대로 존속한 옛 전례에 따라 대한제국도 '조선'으로 했다고 한다. 공식적인 강제 점령이 이루어지기 전부터 일제는 대한제국의 국호를 '조선'으로 하려고 작정했던 것이다.

일제는 또 '병합실행방법세목'에서 대한제국의 황실에 관한 내용도 다루고 있는데, 제16조가 바로 '한국의 황실 및 공신의 처분'이다.

"한국 황실인 이가(李家)는 세습하고 그 정통을 태공(太公), 그 세사(世嗣)를 공(公)으로 하고, 현 태황제는 일대에 한해 특별히 태공의 존칭을 주고 모두 전하라고 칭함."

이처럼 일제는 대한제국 황실을 폐지하는 대신, 이들을 일제의 황족에 준하는 공족(公族)으로 삼겠다는 것이었다.

8월 29일 강점이 이루어지자, 일왕이 대한제국의 국호가 조선으로 바뀐 것을 재가하고, 고종의 뒤를 이은 순종 황제가 이 내용을 담은 칙령 318호를 통해 발표한다.

"짐이 한국의 국호를 개(改)하야 조선이라 칭(稱)하는 건을 재가하야 자(玆)에 공포케 하노라."

이렇게 하여 '대한제국'의 '대한'은 이제 우리의 국호가 아니었다. 이 칙령 부칙에는 "본령은 공포하는 일부터 시행함이라"라며 즉시 효력이 발효된다고 적고 있다. '조선'은 국호인지 지역 이름인지 불분명하게 우리의 정체성을 상징할 뿐이었다.

그런데 재미있는 점은 을사오적의 매국노 이완용이 일제가 내세운 국호와 왕에 대한 칭호에 대해 반대했다는 사실이다.

공식적인 한일병합조약 체결을 앞두고 이완용은 데라우치 통감 측과 소통하고 있었다. 내통이라고 하는 게 더 적절한 표현인 것 같다. 이완용은 비서인 이인직(소설 《혈의 누》 작가)을 보내 병합에 대한 일제의 구상을 파악하고, 협조하겠다는 의사를 밝혔다.

8월 16일 이완용은 데라우치와 마주 앉았다. 이 자리에서 이완용은 데라우치로부터 한국 황실 대우에 관해 듣고 대체로 동의하면서 국왕의 칭호를 존속시켜 줄 것을 제의한다.

이유는 병합에 따른 국민의 인심을 안심시키기 위해서라고 했다. 또 청나라와 사대관계에서도 국왕의 칭호가 존속했던 전례가 있으므로 국호는 전과 같이 '한국'으로 하고 왕의 존칭을 부여하자고 주장했다.

하지만 데라우치는 거절한다. 이미 병합이 이루어진 마당에 왕위를 존속시킬 필요성이 없고, 되레 존속했다가는 화근을 남겨 이씨의 종실을 영구히 안전하게 하지 못할 것이라는 게 이유였다. 이날 이완용은 논의해 봐야 한다며 즉답하지 않았다가 밤 9시쯤 다시 한번 국호와 왕명을 그대로 사용하게 달라는 의사를 전달한다. 만약 이 제안을 받아주지 않으면 한국 상하의 감정을 해쳐 어지럽고 시끄러운 일이 일어날 수 있으므로 이 두 가지를 합의하지 못하면 타협 방도가 없다고 했다.

이미 병합에 대해 거의 모든 조건을 동의해 놓고 굳이 국호와 왕실 호칭을 유지하자고 제의하고 나선 이완용의 속내는 무엇일까.

이완용은 황제가 스스로 물러날 뜻을 말하지 않았는데 신하가 수천 년 이어온 사직을 단절하라는 말을 차마 할 수 없기도 하거니와, 일제가 제시한 방안으로 순종과 대신은 물론 백성들을 설득할 수 없어 저항을 불러온다는 것이다.

글쎄, 이 말을 액면 그대로 믿기는 어렵다. 모든 것을 일제에 다 내어주고 굳이 이제 와서 대한제국의 황실을 생각한다? 아마 가능성이 희박하기는 해도 언젠가 다시 황실이 권력을 잡을 것을 대비해 나름 보험을 들기 위함이 아니었을까. 게다가 이 주장이 나름대로 명분도 있거니와, 대한제국의 황실까지 챙긴다는 이중전략인 것은 아니었을까.

하지만 데라우치는 물러서지 않고 국호는 제국 정부에서도 조선이라고 고칠 것이므로 한국의 국호를 조선으로 고치고, 황제를 이왕전하, 태황제를 태왕전하, 황태자를 왕세자전하로 하겠다는 내용을 본국 정부의 재가를 받겠다고 했다.

데라우치는 병합이 거의 막바지 단계에서 이르렀다는 현실론에 입각하여 이완용의 제의를 들어주는 척하면서도 국호에 대한 결론은 도돌이표였다. '조선'이었다. 다만 왕실 호칭 문제는 이완용의 안을 받아들였다.

데라우치가 끝까지 국호를 '조선'으로 고집한 것은 '대한'이라는 국호가 고종이 대외적 자주독립, 즉 대청독립을 위해 사용한 국호라는 이유였다. '조선'이란 국호에는 대외적 종속성이 있으므로 남에게 병합될 수밖에 없는 열등한 나라라는 의미가 숨겨져 있다고 본 것이다.

그런데 사실 병합되면 대한제국은 일제의 일부가 됨에도 데라우치가 굳이 따로 국호를 사용한 이유는 무엇일까.

데라우치가 본국에 국호 및 왕칭에 대한 승인을 받기 위해 보낸 글이다.

"지난날 통감부 촉탁이 휴대해 올린 '구한국(舊韓國)의 경토(境土, 강토)는 이를 조선으로 칭한다'라고 돼 있으나 위는 한인 측의 의향도 참작할 사정이 있어 이 안을 다음과 같은 자구로 고쳐서 조약 공포와 동시에 공포하여 달라. '한국의 국호는 이를 고쳐 이제부터 조선이라 칭한다.'"

그러고 나서 왕실 호칭도 여러 차례 '왕'이냐 '이왕'이냐를 놓고 일제 내부에서 설왕설래 끝에 한국 황제를 '창덕궁 이왕', 태황제를 '덕수궁 이태왕'으로 부르기로 최종 결론이 났다.

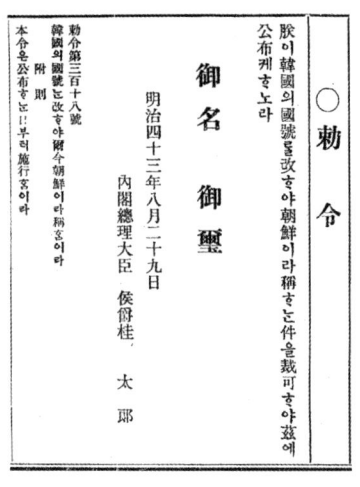

47 ㅣ 국호를 '조선'으로 한다는 순종 칙령 318호.

한국학중앙연구원 이완범 교수가 2012년 광복 제67주년 및 독립기념관 개관 25주년 기념 학술 심포지엄에서 발표한 논문 〈국호로 본 대한민국 임시정부와 대한민국〉에 보면 10월 1일 초대 총독이 된 데라우치가 남산 왜성대(倭城臺)에 마련한 조선총독부에서 연 시무식에서 한 발언이 눈길을 끈다.

"이 땅의 판도는 오늘부터 '대한제국'이 아니라 '조선'이라 부른다. '한성(漢城)'은 '경성(京城)'이라 한다. 저들은 '조선'보다 '대한제국'에 미련이 남아 있고, 경성보다 한성에 연연하며 대일본제국의 신민이라기보다 한민족이기를 원하지만 나를 믿고 지시대로 봉공(奉公)하라."

그러면서 이완범 교수는 한영우 교수의 이런 진술을 인용했다.

"황제를 평민으로 500년 왕도(王都, 수도)를 격하시켜 경기도에 예속시켰으며, 모든 활자 매체에서 '대한', '한'이라는 이름을 지움으로써 한민족의 정기와 주체성 말살 작업에 착수했다. 근대적 독립 국가로 출범하려는 대한제국의 존재를 말살하기 위해 일본은 '대한' 대신 '조선'을 사용했다.

이렇듯 일제는 우리의 자주적 문화를 인정하지 않고 되레 말살함으로써 식민지가 될 수밖에 없다는 논리로 강점을 정당화하려는 한편 국호마저 없앰으로써 일본의 한 지역으로 삼으려 했다.

국호 '조선'의 진짜 의미

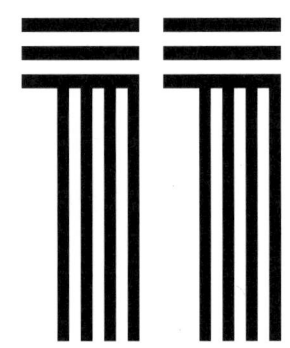

'조선'이라는 국호가 우리 역사에서 차지하는 비중은 크다. 대일항쟁기 때 격하된 국호였지만 그래도 백성과 함께 동고동락했다. 조선이라는 국호는 이처럼 우리의 삶에서 떼려야 뗄 수 없음에도 막상 무슨 뜻인지는 잘 모른다. 조선에는 무슨 뜻이 담겼는지 알아보자.

글자 그대로의 '조선'의 뜻은 무엇일까. 우리는 한자 문화권이었으니 '조선'의 한자 의미부터 보자.

'조선(朝鮮)'은 '아침 조(朝)'와 '빛날 선(鮮)' 자로 이루어져 있다. 이 말을 액면 그대로 해석하면 '빛나는 아침' 정도가 될 것이다. 이게 국호이니까 '빛나는 아침의 나라'라고 해도 될 듯싶다. 우리나라를 두고 '조용한 아침의 나라'라고 부른다는 말과 그 의미가 일맥상통한다. 특히 중국에서 '선(鮮)' 자를 '깨끗하다'는 뜻으로도 사용하고 있어 '깨끗한 나라'라고도 한단다.

'조선'이라는 국호를 가장 먼저 사용한 사람은 단군왕검이다. 이때 왜 '조선'이란 국호를 사용한 지에 대해서는 두 가지 설이 있다. 하나는 고조선 초기 수도 '아사달'을 한자로 번역했다는 것과 '땅이 동쪽에 있어서 아침 해가 선명하다'는 의미에서 국호로 삼았다는 것이다.

먼저 '아사달'의 한자 표기설을 보자. 《위서(魏書)》의 기록이다.

"지금으로부터 2천 년 전에 단군왕검이 있어 아사달에 도읍을 정하였다. (중략) 나라를 개창하여 조선이라 했으니 고(高, 요)와 같은 시대이다[乃徃二千載有 壇君王儉立都阿斯達 開國號朝鮮 與髙同時]."

단군왕검의 수도로 알려진 '아사달'이 어디인지는 여전히 논란이 있다. 다만 아사달이 지금의 평양과 황해도 구월산이라는 두 가지 설이 있을 뿐이다.

평양설은 《삼국유사》에서 단군왕검이 아사달에 도읍하고, 아사달이 평양이라고 한 데서 비롯됐다.

그런데 조선 초기의 문신 권제(權踶, 1387~1445년)가 지은 《역대세년가(歷代世年歌)》에서는 아사달은 산 이름이라며 황해도 문화현(현 황해남도 신천군)의 구월산을 지목했다.

그런데 현재 남과 북 모두 평양설을 주장한다. 남한은 위만조선의 도읍인 '왕검성'이, 북한은 단군조선의 도읍이 '아사달'이라고 하면서, 왕검성이나 아사달 모두 평양이라는 것이다.

그럼 '아사달'이 어떻게 '조선'이 되었을까.

아사달은 '아사(阿斯)'와 '달(達)'로 이루어져 있는데, '조선'을 의미하는 고유어라는 주장이 있다. 식민사학의 우두머리로 지칭되는 이병도는 아사달의 뜻을 '아침의 땅'이나 '아침의 산', '빛나는 아침의 땅'으로 해석했다.

그 이유에 대해 이병도는 '아사'는 '아침'을 나타내는 한국의 고대어로 보았다. '달'은 우리가 응달이나 양달이라고 할 때의 '달'처럼 '땅'을 의미한다. 그렇

다면 아사달의 의미를 한자로 쓰면 '조양(朝陽)'이나 '조광(朝光)'의 땅이 되고, 이것이 '조선(朝鮮)'으로 표기되었을 것이란다. 여기에 대해 이병도가 말한 '아사'가 우리 고유어가 아니라 일본어의 '아침'을 나타내는 '아사(朝, あさ)'라는 주장도 있다.

또 한편에서는 '아사'가 '아시'가 아니냐는 주장도 있다. 이들은 지금도 우리말 사투리에 '처음'이나 '시작'을 의미하는 '아시'가 있음을 근거로 든다.

따라서 '아사달'은 '처음의 땅'이란 의미일 터, 앞에서 말한 평양설과는 전혀 상관없다고 주장하기도 한다. 이 주장은 단군왕검이 세운 고조선의 도읍지 아사달이 평양이 아니라는 주장으로까지 나아가기도 한다.

《삼국유사》에 따르면, 고조선이 도읍을 '평양성 → 아사달 → 장당경 → 아사달'로 옮긴 것으로 나온다. 그렇다면 '평양'을 중국 요동으로 보아야 하는 것 아니냐는 주장이다.

《삼국지》〈위서(魏書)〉에 3세기 연나라 장수 진개(秦開)의 침입을 받은 고조선이 2천 리 영토를 빼앗겼다고 했다. 그렇다면 지금의 평양에서 중국 쪽으로 2천여 리라는 의미일 수 있다. 요동까지 뻗친다.

《사기(史記)》〈조선열전〉에 나오는 "한(漢)이 지키기가 어려워 요동의 옛 요새를 고쳐 패수(浿水)를 경계로 삼았다"는 표현의 '패수'에서 요하(遼河), 즉 요동 지역과 관련이 있어 보이기도 하다.

고조선의 중심지가 이동했다는 주장도 있다. 고조선이 요동 지방에서 시작하여 한반도로 이동했는데, 그곳이 평양이라는 주장이다.

한편 땅이 동쪽에 있어서 조선이라 했다는 설도 있다. 《동국여지승람》에 따르면, '거동표일출지지고명조선(居東表日出之地故名朝鮮)'이라고 설명한다. '동표(東表)의 해 뜨는 땅에 (임금이) 살고 있어서 조선이라 이름하였다.' 여기서 '동표'

는 조선 시대 외교 문서에서 우리나라를 지칭하는 용어라고 한다.

그런데 이 '동쪽'이라는 것도 그 기준을 중국으로 삼아서 그렇다는 것이다. 실제 단군왕검의 이동 방향을 보면 되레 서쪽이라는 생각도 지울 수 없다. 태백산에서 태어난 단군이 평양을 도읍으로 하였다가 아사달로 가지 않는가. 아사달은 평양설 말고도 황해도 구월산설이 있다. 이런 점으로 보아 서쪽으로 표기해야 하지 않나 싶기는 하다.

《사기》의 주석서인 《사기색은(史記索隱)》에는 조선의 땅에 산수(汕水)가 있어서 '선'이라는 음을 따랐다고 했다. 조선에 습수(濕水)·열수(洌水)·산수(汕水) 세 강이 있는데, 이 강들을 합쳐서 열수가 된다. 이곳이 낙랑이 아닌가 하는데, 조선이란 이름은 이곳에서 취한 것이란다.

한편 조선의 '선' 자에 대한 해석도 중요하다. 앞에서는 '빛나다' 정도로 의미 부여를 했었다. 하지만 한국어문교육연구회 박광민 연구위원은 논문 〈고조선 국명 및 지명에 관한 어원적 고찰〉에서 양주동 박사 등이 주장했던 '작다'라는 뜻의 자산(子山), 소산(小山)의 의미와 '선'이 닿아 있음을 밝혀냈다.

그는 《일주서(逸周書)》의 "왕께서 마침내 상나라(은)를 도모하여 언덕에 이르셨네[王乃出圖商 至于鮮原]"라는 기록의 주(註)에 있는 "작은 산을 선이라 한다[小山曰鮮]"는 표현에 주목했다.

춘추시대(동주) 때 공자가 엮었다는 《시경》〈대아(大雅) 황의(皇矣)〉 편에도 "작은 산과 언덕을 헤아려, 기산의 남쪽에 터를 잡으셨네[度其鮮原 居岐之陽]"라고 기록돼 있다. 이처럼 《일주서》와 《시경》 모두에서 '선(鮮)'을 작은 산으로 풀이했다.

그러면서 그는 우리 선조들이 '첫 산 또는 땅', '아침 산 또는 땅'이라는 의미에서 '앗달'이라 했고, 한자를 쓰던 때이므로 '朝鮮(조선)'이라고 썼을 것으로 추정했다. 그는 또 관중이 지은 《관자(管子)》에 나오는 '발조선(發朝鮮)'이라는 말도 "중국인들은 조선의 국서에 적혔을 '朝鮮'을 고대 중국식 발음으로 '조선'이라 읽었을 것"이라고 주장했다.

아무튼 '조선'이 무슨 의미를 지니고 있는가에 대해서는 여전히 의견이 분분하다. 고대사를 연구하는 역사학자들의 각양각색 주장에다 서로 정통임을 주장하는 백가쟁명식 논란이 빚은 결과다. 더 깊고 많은 연구가 필요하다.

'한'에 담긴 정체성

고조선 시대부터 지금까지 줄곧 우리 국호가 된 '한(韓)'은 도대체 무슨 의미일까.

솔직히 우리는 그동안 나라를 의미하는 '한' 자라면 중국 한나라를 의미하는 '한(漢)' 자를 먼저 떠올렸다. 장기판의 왕인 '한'도 이 '한(漢)'이 아니던가. 그런데 '나라'를 의미하는 '한' 자가 또 하나 있었으니, '韓'이다.

내가 이 '한(韓)'이 우리나라 국호에 들어있는 글자라는 것을 제대로 인식한 때는 어른이 되어서다. 그전에는 솔직히 관심도 없었거니와, 때로는 '한(漢)'으로 잘못 쓰기도 했다. 이런 실수 아닌 실수를 하면서도 '한(韓)'에 대해 관심을 두지 않았다. 교과서에서 가르쳐주지 않기도 하거니와, 아무도 국호 '한(韓)'에 대해 이야기해 주지 않았다는 핑계가 되레 정당성을 얻을 것 같다.

지금까지 우리는 이 '한(韓)' 자가 어디서 와서 어떻게 우리 국호가 되었는지는 충분히 살펴보았으니, 이제 그 의미를 알아보자.

우선 사전에서 '한(韓)'을 찾아보자. "한국(韓國)을 줄여 이르는 말"이라거나 "우리나라의 성의 하나. 본관은 청주·곡산·충주 등 40여 본이 현존함"이라고 설명하고 있다.

얼핏 보아 한씨의 본관 따위 말고는 '한국의 줄임말'이라는 것 정도는 우리의 상식 내에 있다. 하지만 여기서도 '한'이 무슨 의미인지를 알아챌 수 있는 단서는 없다.

'한(韓)'의 의미를 찾기 위해 자료를 뒤져 보면, 한두 가지 해석이 반복적으로 나온다. 그중 대표적인 게 한자 '한(韓)'의 근본적인 의미를 캔다며 글자를 쪼개서 설명하는 것이다. 그중 김찬 고려대 연구교수가 인터넷신문 〈뉴시안〉에 기고한 칼럼의 설명을 중심으로 살펴보자.

'한(韓)'의 왼쪽에 있는 글자는 '햇살 조(倝)' 자로 열 십(十) 자와 날 일(日), 열 십(十) 자가 결합한 형태다. 이 글자는 '조선(朝鮮)'의 '朝(아침 조)'처럼 '강한 햇볕'을 나타낸단다. 햇빛이 강한 것은 해가 아침에 떴을 때이므로 이는 '동쪽 해가 뜨는 곳'을 가리킨다. 우리나라의 별칭인 '아침의 나라'와 잘 통한다는 것이다.

'한(韓)'의 오른쪽에 있는 글자인 '성 둘레 돌 위(韋)'는 '성(口) 주위를 돌고 있는 발(止, 발바닥 모양을 본뜬 상형문자)'을 나타낸 것이다. '성 주위를 돌고 있는 발'은 곧 '둘레를 돌다, (성을) 지키다'라는 의미로 발전하여, '둘레 위(圍)'나 '지킬 위(衛)'의 원형이 된단다. 이렇게 '나라를 지키는[韋] 사람[人]'은 훌륭하다. 그래서 韋(성 둘레 돌 위)에 人(사람 인)을 더한 것이 위대(偉大), 위인(偉人)의 '훌륭할 위(偉)'라고 설명한다.

그러면 한(韓)은 '지켜야[韋] 할 동쪽 나라'로 풀이할 수도 있다.

그런데 이 '한(韓)'이 한자가 아닌 한글로 '한'이라고 쓰였을 때에는 다른 의미가 있다. 우선 우리 글을 지칭하는 '한글'에서의 '한'의 의미를 보자. 김삼웅 전 독립기념관장이 인터넷신문 〈오마이뉴스〉에 연재하는 주시경 선생의 평전에 이 이야기가 실려 있다.

김삼웅은 한글 연구에 남다른 애정을 가졌던 노마 히데키(野間秀樹)의 《한글의 탄생》의 주장을 인용했다.

"현재 널리 사용되고 있는 '한글'이라는 명칭은 근대의 선구적인 한국어학자, 주시경(周時經, 1876~1914년)이 명명했다고 전해지고 있다. '한'은 '위대한', '글'은 '문자' 혹은 '문장'이라는 뜻이므로 '한글'은 '위대한 문자'라는 뜻이라고 한다. '한'은 '대한제국'의 '한(韓)'이라는 설도 유력하다."

여기서 김찬 교수의 '위대하다'는 뜻풀이와 노마 히데키의 '한글'이 '위대한 문자'라는 해석은 맥이 통한다.

이렇듯 한에는 한자의 액면 그대로의 '훈(訓)'과는 다른 의미가 들어있다는 게 많은 학자의 주장이다.

'한'은 우선 '크다'거나 '중앙'이라는 의미가 있다고 한다. 대전(大田)을 '한밭', 대로(大路)를 '한길'이라고 하지 않는가. '많다'는 뜻도 있다. 《용비어천가》의 "뿌리 깊은 나무는 바람에 아니뮐세. 곶 됴코 여름 하나니"에서 '여름 하나니'는 '열매가 많으니'라는 뜻이다. '하나[一]'라는 의미도 있다. 한 개 두 개 할 때의 '한'은 하나를 지칭한다. 또 '같다[同]'라는 뜻도 있다. 한 핏줄이나 한겨레 같은 표현에서 볼 수 있다. '한창'이란 의미의 '한가운데'나 '한겨울'이란 말도 있다.

그런데 재미있는 점은 한글 '한'이 되레 한자 '한(韓)'이 되었다는 설이다. 일부 학자는 '韓'이 '幹(간), 刊(간), 干(간), 漢(한)'으로 표기된다고 주장한다. 여기서 몽골어로 왕을 나타내는 '칸(Khan)'과 관련이 있다고 보기도 한다.

고조선이 세 개의 한(칸)이 다스렸다는 논리에서 '삼한'이란 말이 나왔는데,

이 한이 '칸'에서 왔다는 것이다.

　여기에 대해 《대쥬신을 찾아서》를 쓴 김운회 교수는 '한'이라는 말을 표현할 문자가 없던 중국의 주변 민족들이 대체로 환(桓), 한(翰), 한(韓), 한(汗), 간(干), 감(邯), 한(漢)으로 표기했는데, 이건 대체로 'Khan'을 표현한 말이라고 주장하기도 했다.

　이 밖에도 '한'의 의미가 더 있다고 한다. 어떤 학자는 30여 가지가 넘는다고 주장하기도 한다. 어느 것이 옳은지는 아직도 의견이 분분하다. 다만 우리나라 이름의 '한'은 이렇게 여러 뜻이 있는 만큼 백성들의 다양한 뜻을 한(하나)데 모아 역사의 수레바퀴를 돌려왔다는 사실이 위대하다는 생각이 든다.

부여·가야·삼국·고려의 이름 속에 담긴 세계관

우리 '대한민국'의 역사 과정에는 어떤 나라들이 있었을까. 단군이 세운 고조선과 삼한, 조선, 대한제국, 대한민국에 대해서는 알아보았다. 다만 우리가 국호로 기억하는 부여나 옥저, 부여, 고구려, 신라, 백제, 고려 등 여러 나라가 있었다.

여기서 우리는 이 나라들의 '흥망성쇠사'를 살펴볼 여유가 없지만, 이들 나라의 국호에는 어떤 의미가 담겨 있었을까 간단하게나마 알아보는 것은 참고 사항으로 나름대로 의미가 있어 보인다.

BC 108년 전한의 무제가 고조선을 멸망시킨 뒤 그곳을 통치하기 위해 네 개의 현을 설치한다. 낙랑군, 임둔군, 진번군, 현도군이 그것이다. 사실 한사군의 위치나 역사에 대해서 확실하게 정립되지는 않았다고 한다. 남북한은 물론이거니와, 중국이나 일본 등의 학계가 각기 자신에게 유리한 학설을 주장한단다.

아무튼 이 한사군 중 낙랑·임둔·진번군은 고조선 지역에 설치되었고, 그 이듬해 예맥 지방에 현도군이 설치된다. 이 지역은 한반도라기보다 요동반도 부근이라는 설이 유력하다고 한다.

이 한사군이 서로 침범, 병합하는 과정을 거치면서 고조선 지역에는 낙랑군만 남았다. 이런 상황에서 이어진 군현들끼리 다툼에 따라 예·맥·한민족 사회에서 하나둘 나라가 형성되기 시작했다. 앞에서 설명할 때 위만조선 다음에 나온 삼한(마한·진한·변한)을 비롯하여 고구려, 옥저, 동예, 부여 등이 차례로 우리 역사에 등장한다. 그리고 이 나라들이 오랫동안 다시 갈등과 다툼을 벌이며 통폐합하여 우리의 역사 상식 속에 자리 잡은 삼국, 고구려, 백제, 신라가 된다.

BC 50년부터 신라가 삼국을 통일하는 668년까지를 흔히 '삼국시대'라 하는데, 이때가 '삼국'이 아니라 '오국'시대라는 주장도 있다.

요즘 우리 고대사에서 뜨거운 분야 중 하나인 가야의 존재이다. 김수로왕과 허 황후 이야기가 먼저 떠오르는 가야는 '철의 왕국'으로 꼽혔다. 이 가야가 한때는 잃어버린 역사였다. 그러다 2018년 가야사 연구와 복원이 국정과제가 될 만큼 중요해졌는데, 가야는 삼국이 건국되던 무렵에 등장해 신라 통일 100여 년 앞선 562년에 망한다.

이뿐이 아니다. 부여도 있다. 만주 쑹화강(松花江) 지역에 자리 잡았던 예맥계 고대국가인 부여는 삼국보다 훨씬 이전에 건국되었고, 삼국시대 중반인 494년에 멸망한다.

그렇다면 고구려, 백제, 신라에다 가야와 부여를 포함하면 '오국'이 되는 거 아닌가. 우리 역사에 '삼국시대'가 중심이 된 것은 아무래도 김부식의 《삼국사기》나 일연의 《삼국유사》의 책 제목에 아예 '삼국'이라 명토 박았던 탓이라고 한다.

그럼 이들 나라의 국호는 어떻게 지어졌고 어떤 의미가 있는지 알아보자. 먼저 부여부터 보자.

부여는 한자로 '扶餘' 또는 '夫餘' 등 여러 가지로 쓴다. 부여의 국호는 '불'이 어원이라는 설과 사슴을 뜻하는 만주어 '푸후(puhu)'에서 왔다는 설이 있다. 《자치통감》에 부여가 사슴을 귀하게 여겼다는 기록이 있는 것으로 보아 후자가 신빙성이 높아 보이긴 한다. 부여는 땅이 기름지고 평야가 많아 목축을 많이 했다고 하는데, 마가, 우가, 자가 등 목축에서 이름을 따온 경우가 많아 사슴설이 설득력 있어 보인다.

가야는 한자로 '伽倻'라고 쓰는데, 정약용이 주장한 '뾰족한 고깔 쓰는 사람'이란 의미의 '가나' 유래설, '성(城)'을 의미하는 '구루'에서 나왔다는 설, '겨레'에서 비롯됐다는 설이 있다.

가야 국호에서 특히 우리가 주목해야 할 것은 '임나(任那)' 유래설이 아닌가 싶다. 임나는 고대 한반도 남부에 있던 세력을 의미하는데, 가야 혹은 금관가야를 부르는 이름이라고도 한다.

그런데 일제가 주장한 '임나일본부설' 때문에 우리는 임나를 부정적으로 생각한다. 임나일본부설은 왜가 한반도 남부로 와서 가야와 그 주변을 정벌하고 통치기관 '임나일본부'를 설치하고 200여 년간 지배했다는 주장이다.

이 주장에 대해 고려대 김현구 명예교수는 《임나일본부는 허구인가》라는 책을 통해 이 주장이 허구라고 반박했다. 왜의 임나 경영이 아니라 백제의 임나 경영이라는 것이다.

광개토왕비도 일제에 의해 '임나일본부'의 존재를 뒷받침하는 자료로 이용됐다. 하지만 재일사학자 이진희 교수가 일본군 등이 비석에 석회 칠을 하고 비문을 조작했다고 주장해 눈길을 끌었다.

문제의 비문은 "百殘新羅舊是屬民由來朝貢而倭以辛卯年來渡□破百殘□

□新羅以爲臣民"의 32자인데, □가 알아보지 못하는 글자이다. 그런데 이 비문을 일제는 "왜가 바다 건너 백잔(백제)과 신라를 쳐서 신민으로 삼았다"고 해석했다. 바다를 건너와 신라와 백제를 쳐서 지배했다, 즉 임나일본부를 설치했다는 논리다.

하지만 정인보 등 우리나라 학자들은 '고구려'를 주어로 삼아 "왜가 신묘년에 오자 건너가 격파하고 백제는 신라를 격파하고 신민으로 삼았다"고 해석했다.

이 문제는 여전히 논란이 있기는 하지만 여러 주장을 종합해 보면 '임나' 역시 가야의 국호와 밀접한 관계가 있음을 알 수 있다.

이번에는 삼국의 국호를 알아보자. 먼저 고구려. '고구려'는 광개토대왕 또는 장수왕 당시 국호가 '고려'였다고 한다. 이를 현대에 와서 왕건이 세운 '고려'와 구분하기 위해 '옛날'의 의미를 담은 '고' 자를 붙였다고도 한다. 이씨조선과 단군조선을 구분하기 위해 '고' 자를 붙였듯이 말이다.

특히 장수왕 때부터 중국 문헌에 '고려'라는 표기가 많이 등장하는데, 학자들은 이때 국호를 바꾼 것으로 추정한다.

고구려가 세워진 직후에는 고구려(高駒驪), 구려(句麗), 구려(駒驪), 고리(高離) 등 여러 가지 국호로 불렸다고 한다.

고구려는 '구려(句麗)'에서 유래했다는 설이 유력한데, 구려는《삼국지》〈동이전〉에 소개된 '성(城)'을 뜻하는 고구려의 고유어 '구루(溝漊)'에서 비롯됐다고 한다.

668년 고구려가 멸망했지만 이 국호는 대조영의 발해나 궁예의 후고구려, 왕건의 고려로 이어진다.

'백제(百濟)'는 《삼국사기》에 가장 먼저 등장하는 국호이다. '백성낙종(百姓樂從)', 즉 '온조가 처음 올 때 백성(百姓)이 즐거이 따랐다'는 데서 따온 국호라는 것이다.

백제의 애초 국호는 '십제(十濟)'였다고 한다. BC 18년 무렵 주몽의 아들 온조와 비류가 어머니 소서노와 백성들을 이끌고 남쪽으로 내려온다. 온조왕(溫祚王)이 형 비류(沸流)가 다스리던 땅의 백성을 합쳐 더 큰 나라를 만들 때 10명 신하의 도움을 받았던 데서 비롯됐다고 한다.

그런데 비류의 백성들이 병합하자 모두 즐거워하여서 나라 이름을 아예 '백제(百濟)'로 고쳤다고도 했다.

학계에서 관심을 끌지 못하지만 백제의 '백' 자를 '맏 백(伯)' 자로 해석하는 학자도 있었다. 이병도가 《삼국지》〈동이전〉에 근거해 백제가 마한연맹체 54개국 중 하나라며 위와 같은 주장을 했다.

'신라(新羅)'라는 국호는 지증왕 때 왕 이름과 함께 제정했다고 한다. 《삼국사기》를 보면 이런 기록이 있다.

"지증마립간 4년(503년) 겨울 10월에 여러 신하가 아뢰기를, '시조(始祖)께서 나라를 세우신 이래, 나라 이름을 정하지 않아, 사라(斯羅)라고 부르거나 사로(斯盧)라고 부르고, 혹은 신라(新羅)라고도 말하였습니다."

그러면서 '덕업일신 망라사방(德業日新 網羅四方)', 즉 '왕의 덕업이 날로 새로워져서 사방을 망라한다'는 의미에서 '신라(新羅)'로 확정했다고 한다.

신라는 고조선의 유민들이 살던 진한 땅에 BC 57년 알에서 태어난 박혁거

세가 사로국을 세우면서 시작됐다. 그때 그는 여섯 마을의 촌장에게 추대받았다고 한다. 아마도 여섯 촌장이 다스리던 땅을 아울러서 '사방'이란 의미를 담은 것으로 보인다.

고려(高麗)는, 알다시피, 왕건이 태봉(泰封)의 궁예를 몰아내고 새롭게 건국한 나라이다. 이 나라는 동명성왕이 세운 고구려를 계승한다는 의미에서 국호를 '고려'로 했다고 한다. 사실 궁예가 세운 태봉의 초창기 국호가 '후고구려'였다는 점을 생각하면 왕건의 '고려' 사용은 이해할 수 있다.

그런데 따로 살펴보겠지만 '고(구)려'는 우리나라 영문 국호 'Korea'의 근원이 된다는 점에서 또 다른 의미를 지닌다.

국호는 그 나라의 주체성과 정체성을 고스란히 담고 있는 호칭이다. 무릇 평범한 사람의 이름도 함부로 짓지 않는다는 점을 생각하면 매우 중요하다는 것을 알 수 있다. 여기서 수박 겉 핥듯이 살펴보았지만, 우리 역사에 등장했던 나라들의 국호 역시 '조선'이나 '대한'만큼 중요하고 소중하다.

'대한제국'에서 '대한민국'으로 이어지다

1919년 4월 10일 밤 10시, 상하이 프랑스 조계지 김신부로(金神父路) 셋집.

독립지사들이 한밤중에 회의를 하기 위해 모여들었다. 연해주에서 이동녕과 조완구, 베이징에서 조성환과 이회영, 일본에서 이광수와 최근우, 만주에서 조소앙과 이시영, 그리고 서울에서 현순과 손정도, 최창식 등 29명이었다.

이들이 그 넓디넓은 상하이의 다른 곳을 두고 굳이 프랑스 조계지에 모인 것은 나름대로 이유가 있었다. 조계지(租界地)라 함은 치외법권, 즉 해당 국가의 법적 통제 밖에 있는 외국인 전용 구역을 말한다. 이때 상하이에는 아편전쟁에서 이긴 영국이 1845년에 처음으로 조계지를 설치한 다음 프랑스나 미국, 일본 등 여러 나라의 조계지가 들어섰다.

사실 이 무렵에는 우리나라뿐만 아니라 베트남이나 인도, 말레이시아, 태국 등의 독립운동가들이 상하이에 모여 독립운동을 벌였다.

그런데 여러 나라에서 온 애국지사들에게 프랑스 조계지가 인기를 끈 이유는 '안전' 때문이었다. 다른 나라 조계지는 치외법권이 있다고는 해도 일제의 탄압을 막아내기에는 한계가 있었다. 반면 프랑스 조계지는 프랑스대혁명의 정신에 따라 자유와 평화가 보장됐다. 아예 헌법에 정치적 망명자들의 정치 활동을 보호해야 한다는 의무 조항을 담고 있었다. 망명정부를 세울 수 있는 공간이었던 셈이다.

더욱이 이 무렵 상하이는 우리나라 독립운동가 중 상당수가 망명한 곳이기도 하다. 1917년 일본 외무성이 조사한 자료에 따르면 상하이 한인 동포가 300여 명으로 중국 어느 곳보다 많았다.

상하이에 우리 독립운동가들이 오기 시작한 것은 일제 강점에 따른 결과였다. 물론 이때 중국에서 일어난 신해혁명(辛亥革命)의 탓도 있다고 한다. 신해혁명은 1911년 봉건국가 청나라를 넘어뜨리고 중화민국을 성립한 중국의 민주주의 혁명이다. 중국 역사에서 처음으로 공화국을 수립한 혁명이어서 '공화혁명'이라고도 부른다.

그리고 105인 사건으로 인해서도 압록강을 건넌 독립운동가들이 있었다. 알다시피 105인 사건은 1911년에 일어난 데라우치 마사타케 암살 누명을 씌워 황해도 항일세력을 대대적으로 탄압한 사건을 말한다.

결정적인 순간은 3·1운동이 아니었나 싶다. 일제의 잔혹한 무단통치에 맞서면서 그냥 이대로 있을 수는 없다는 공감대가 조금씩 일어나기 시작했다. 특히 천도교, 기독교, 불교, 유교 등 종교계가 중심이 되어 움직였다.

그러다 논의가 급물살을 타기 시작했다. 독일이 1차 세계대전의 승전국이 될 가능성이 커 보이자, 천도교에서 '독립청원서'를 보내자는 의견이 나왔다. 하지만 정세 판단 잘못으로 실행하지는 않았다고 한다. 독일이 승전국이 아니라 패전국이 되지 않았는가.

기독교도 뭔가 해야 한다는 생각에서 상하이에서 독립운동을 하는 신한청년당(여운형 등이 창당)을 중심으로 하여 우리나라와 도쿄 등지에서 활동하도록 했다. 불교나 유교도 마찬가지 마음이었다.

하지만 '베르사유 배반', 즉 윌슨 미국 대통령의 '민족자결주의'에 따라 우리 민족도 독립할 수 있으리라 큰 기대를 품었으나, 이는 패전국 식민지에만 적용됐다. 1차 세계대전 때 일본은 연합국 일원으로 승전국이었다.

이렇게 좌절을 맛보고 있을 즈음 1919년 1월 21일 고종 황제가 갑자기 승하한다. 삽시간에 독살설이 퍼졌다. 《윤치호 일기》에 나오는데, 시체가 너무 부어올라 한복 바지를 벗길 수 없어 찢었다, 이가 모두 빠져 있었다, 혀가 모두 사라졌다, 목부터 배까지 검은 줄이 나 있었다, 각종 소문이 돌았다.

그러는 가운데 해외에서 '독립선언서'가 발표된다. 1919년 2월 중국 지린(吉林)에서 중광단(重光團, 1911년 만주에서 결성된 항일독립운동단체)의 '대한독립선언서'와 2월 8일 일본 도쿄에서 유학생들이 발표한 '2·8독립선언서' 등. 독립선언서 하면 우리는 으레 3월 1일에 발표된 '기미독립선언서'로만 알고 있는데, 사실 독립선언서는 200개가 넘는다고 한다.

이런 상황에서 나온 고종 독살설은 군중들의 심리에 기름을 부은 꼴이었다. 독립 '선언'이 이제는 선택이 아니라 필수가 됐다. 그리하여 3월 1일 '기미독립선언서'를 발표하고 우리 근대사의 한 획을 그은 '3·1운동'의 횃불이 켜진다.

전체 인구 2천만 명의 10퍼센트가 넘는 연인원 2백만 명이 독립운동에 나서는 상황이 되자 여러 곳에서 임시정부를 구성해야 한다는 목소리가 커졌다. 이미 러시아에 둥지를 튼 독립운동가들이 모여 1919년 3월 17일 '대한국민의회'의 닻을 올렸다. 가장 먼저 만들어진 임시정부였다. 이후 서울에서 '한성정부'가 결성된다.

이날 상하이 프랑스 조계지에서 모인 것도 임시정부를 구성하기 위해서였다. '대한독립선언서'를 기초한 조소앙의 제의와 신석우의 재청으로 이날 모임의 이름을 '임시의정원'으로 정했다. 이름에서 보듯 임시의정원은 국회와 같은 일종의 '입법기관' 역할을 했다. 이동녕을 의장으로, 손정도를 부의장으로 뽑아 공식 회의를 시작했다. 이튿날 10시까지 꼬박 밤을 새워가며 회의를 하여 '대한민국 임시헌장'을 통과시킨다. 10개 조항으로 구성된 이 임시헌장이 오늘날 우리 헌법의 모태가 된다.

임시헌장의 제1조를 보자.

"대한민국은 민주공화제로 함."

지금 우리 헌법 제1조가 무엇인가. "대한민국은 민주공화국이다." 무엇이 다른가. '민주공화제'와 '민주공화국'에서 마지막 글자 '제'와 '국'이 다를 뿐이다. 글자만 다를 뿐 의미는 같다.

그런데 임시헌장 제1조에 '대한민국'이라고 하고 있다. 왜? 지금 결성하려는 임시정부의 국호가 '대한민국'이라는 것일 터, 언제 국호를 '대한민국'으로 정했단 말인가.

이날 회의에서 조소앙은 회의 안건으로 국호, 국가체제, 각료 등에 관한 문제를 토의하자고 제안했다고 한다. 이에 따라 의정원 의원들은 잠을 자지 않고 논의했다.

여기서 이날의 여러 논의에 대해 모두 살펴볼 필요는 없다. 국호가 어떻게 정해졌는지 그 내용만 살펴보자.

사실 이날 회의의 회의록이 없어 어떤 이야기가 오갔는지는 자세하게 알 수 없다. 다만 《임시의정원 기사록》이나 여운형의 동생 여운홍이 쓴 전기 《몽양 여운형》,《소앙 선생 문집》 등에 나오는 짧은 기록들을 모아 재구성해 본다.

'대한민국'이란 국호를 가장 먼저 제안한 사람은 독립운동가로 〈조선일보〉 사장을 지낸 신석우(申錫雨, 1895~1953년)라고 한다.《임시의정원 기사록》이라는 자료에 이렇게 기록돼 있다.

"4월 11일에 국호·관제·국무원에 관한 문제를 토의하자는 현순(玄楯)의 동의와 조소앙의 재청이 가결되어 토의에 입(入)할 새 선(先)히 국호를 대한민국(大韓民國)이라 칭하자는 신석우의 동의와 이영근(李渶根)의 재청이 가결되니라."

이 기록에 충실해 설명하면 신석우가 임시정부의 국호를 '대한민국'으로 하자고 제안한다. 여기에 대해 여운형이 이 안에 대해 반박한다. 망한 나라의 국호를 그대로 쓰는 것은 옳지 않다는 것. 여운형의 동생 여운홍이 쓴《몽양 여운형》을 보자.

"국호에 대하여는 결국 '대한민국'으로 하기로 낙착되었지만 그렇게 결정될 때까지 상당한 격론이 거듭되었다. 대한민국 외에 조선 또는 고려공화국이 어떠냐는 의견도 나왔다. 그런데 형님은 이 대한이라는 두서(頭書, 첫머리 글)에 반대했다. 그 이유인즉 '대한은 이미 우리가 쓰고 있던 국호로서 그 대한 때에 우리는 망했다. 일본에게 합병되어 버린 망한 나라 대한의 국호를 우리가 그대로 부른다는 것은 감정상 용납할 수 없다'는 것이었다. 그러나 이를 주장한 사람들은 '일본에게 빼앗긴 국호이니 일본으로부터 다시 찾아 독립했다는 의의를 살려야 하고, 또 중국이 혁명 후에 새롭고 혁신적인 뜻으로 민국을 쓰고 있으니 이를 따라 대한민국이라 하는 것이 좋다'는 주장이었다. 결국 다수의 주장에 따라 이미 말한 대로 대한민국이란 국호가 채택되었다."

여기서 우리는 신석우가 다시 주장했다는 국호 채택 논리, "대한으로 망했으니 대한으로 흥하자"는 어록과 마주한다.

아무튼 '대한민국'은 이 무렵 이런저런 이유로 간혹 사용되긴 했으나 정식 국호로 채택된 것은 처음이었다.

그런데 조소앙이 '대한민국'이라는 국호를 가장 먼저 제안했다고 주장했다. 《소앙 선생 문집》 기록을 보면 조소앙은 길림에서 활동하던 대한독립의군부(大韓獨立義軍府) 부령(副領, 부주석)을 사임하고 1919년 4월에 대한독립의군부 대표 자격으로 상하이로 왔다고 한다. 그리고 이야기했다시피 '임시의정원' 회의를 제안했고, 임시헌장을 기초한다.

그러면서 조소앙은 자신이 '대한민국의 명명론자'라고 말했다. 명명론자라면 이름을 가장 먼저 말한 사람이라는 의미일 터, 자신이 국호를 가장 먼저 제안했다는 주장인 셈이다.

여기에 대해 사람들은 조소앙이라면 충분히 그럴 만한 인물이라고 말한다. 일본 메이지대 법학부에 유학했던 조소앙은 1917년 '대동단결선언'과 1919년 2월 '대한독립선언서'를 작성했다. 이미 여기서 그는 '대한'이라는 국명을 사용했다.

더욱이 그해 4월 1일 신한청년당에서 이봉수를 서울에 보낼 때 국호와 내각 직제 등을 들려 보낼 수 있었던 것은 조소앙이 있었기 때문에 가능했다는 것이다. 이런 배경에서 조소앙이 임시의정원 회의에서 국호 문제 제정에 주도적으로 나섰다고 보인다.

한편 '대한'이라는 국호에 붙어 우리의 국호를 실질적으로 완성해 주는 '민국'은 어떤 의미일까.

그동안 조선에서 대한제국으로 국호가 바뀌면서 우리나라는 군주국 또는 황제국의 지위를 갖고 있었다. 나라를 대표하는 최고 통수권자는 왕 또는 황제인데, 지금과 다르게 세습제였다.

그런데 민주주의, 즉 국민(백성)이 주인이 되는 정치체제는 국민이 최고통수권자를 뽑는다. 직선이든 간선이든 투표를 통해서다. 이런 점에서 우리나라는 이때 군주국에서 민주공화국으로 바뀌었다. 조소앙이 주장한 '주권재민'의 정신이 구현된 것이다.

국호를 결정할 때 정치체제에 관한 논의도 이루어졌다. 《임시의정원 기사록》을 보면, "관제(官制)에 입(入)해 집정관제(執政官制)를 총리제(總理制)로 개(改)하자"라는 최근우의 동의와 이사근의 재청이 가결됐다고 기록하고 있다.

집정관은 일종의 최고 통치자 개념으로 쓰는데, 한성정부에서 이승만을 집정관으로 추대했다. 그런데 이 집정관을 총리제로 바꿨다는 것은 아마도 국가체제를 내각제 형태로 바꾸었다고 봐야 한다.

아무튼 집정관제든 총리제든 중요한 점은 지금까지 세습제로 운영되던 국가체제가 국민의 선택에 따르게 됐다는 점이다. 이게 바로 '민국'으로의 전환이다.

사실 민국으로의 전환은 혁명적 전환이라고 해도 틀리지 않을 만큼 파격적이다. 지금까지 감히 전주 이씨 이성계의 후손 말고 누가 나라의 최고 통수권자가 될 수 있다고 여겼겠는가.

임시정부가 '민국'을 선택한 것은 1911년 신해혁명으로 청나라를 무너뜨리고 성립된 쑨원(孫文, 1866~1925년)의 중화민국(中華民國)에서 따왔다고 한다.

사실, '민국'이라는 말이 임시정부가 국호를 정할 때 처음 사용된 것은 아니다. 국사편찬위원회가 운영하는 '조선왕조실록' 인터넷 사이트에 들어가 한글로 '민국'을 검색하면 13건이 검색되지만, 한자 '民國'으로 검색하면 모두 375건의 기사가 검색된다. 아마 '民國'을 번역할 때 '나라'나 '국가'로 했기에 그럴 것이다. 이게 모두 임시정부의 국호 대한에 붙을 '민국'을 의미한다고 볼 수는 없다. 그럼에도 우리 조상은 이미 이 용어를 사용하고 있었음을 알 수 있다.

'민국'을 영어로 번역하면 'republic'이다. '공공의 일'을 의미하는 'republic'은 라틴어 'res publica'에서 유래했다고 한다.

한편 혹자는 '임시의정원'으로서 국호를 정한 임시정부가 '통합 임시정부'라고 착각하기도 한다. 사실은 여러 임시정부 중의 하나인 상하이 임시정부가 한 일이다. 앞에서 이야기한 러시아의 대한국민의회나 서울의 한성정부 등과 상하이 대한민국임시정부가 통합한 것은 1919년 9월에 가서야 이루어진 일이다. 이 통합도 통합했다가 갈라졌다 다시 통합하는 우여곡절을 겪긴 하지만 중국에서 여러 곳을 전전하며 그 정체성을 지킨 합법적이고 유일한 임시정부가 된다.

그래서 일부 학자는 상하이 임시정부 수립일을 임시의정원 회의를 시작한 4월 11일이나, 수립을 공포한 4월 13일 또는 세 개의 임시정부가 통합한 9월 17일로 하자고 주장한다.

세 임시정부는 8월 18일부터 9월 17일까지 헌법개정안을 통과시키고, 각원 구성 및 관제 개편을 하는 '개조 작업'을 통해 통합을 완수했다. 그런 점에서 실질적인 대한민국임시정부는 9월 17일부터 시작됐다고 보는 것이다.

영어 국호 'Korea', 그 유래와 굴곡

 이 질문부터 하고 글을 시작하자. 대한민국의 영어 국호는 무엇인가? 많은 사람이 너무 깔보는 질문 아니냐고 할지 모르겠는데, 나는 진짜 진지하게 묻는 중이다.

 그렇다. 대부분이 'Korea'라고 답할 것이다. 일부는 'K' 자 대신 'C' 자를 사용하여 'Corea'라고 할 것이다. 또 어떤 이는 'South Korea'라고 할 테다.

 그럴 줄 알았다. 이거 반은 맞고 반은 틀리다. 반은 맞다는 것은 'Korea'가 대한민국의 영어 국호에 들어가기 때문이다. 반은 틀리다는 것은 'Korea'가 '대한민국'의 영어 국호 표기 전체가 아니라는 점에서다.

 대한민국의 영어 표기는 'Republic of Korea'이다. 자, 풀어보자.

 대한민국이라는 국호를 영어로 표기할 때 정치체제인 '민국' 즉 '공화국'이란 의미도 함께 넣어야 한다. 북한의 경우 조선민주주의인민공화국인데, 'Democratic People's Republic of Korea'라고 쓴다.

 우리는 편하게 미국 국호를 '아메리카(America)'라고 쓰는데, 이는 올바른 표기가 아니다. 아메리카는 엄밀히 대륙 이름이다. 이 대륙의 대표 국가가 미국이므로 아메리카 하면 으레 미국으로 받아들인다. 미국의 정식 명칭은 'The United States of America'이다. 아메리카 주(州)의 연합으로 해석할 수 있으므로 '미합중국'이란 한글 표현을 쓰기도 한다. 알다시피, 미국은 각 주가 거의 국가와 맞먹는 역할을 한다. 자체적으로 입법·사법·행정의 삼권분립에 따라 운영된다. 그래서 미국은 이런 주(국가)들이 모인 연합체이다.

이렇듯 국호에는 그 나라의 체제가 어떠한지가 행간에 숨겨져 있다. 우리나라 국호 'Republic of Korea'나 북한의 'Democratic People's Republic of Korea' 역시 국호에 나름 체제의 의미가 들어 있다.

왜 이 이야기를 앞에서 조금 길게 하느냐 하면, 이 영문 국호의 오인으로 인해 '웃픈(웃기고 슬픈)' 해프닝이 일어나기 때문이다.

해외여행을 하다 보면, 국적이 어디냐는 질문을 가끔 받는다. 그럴 때 "Korea"라고 답하면 어김없이 이런 질문이 뒤따른다. "South or North?"

2024년 파리올림픽 개회식 때 일어난 국호 소동을 보면 영문 국호가 얼마나 중요한지를 깨닫는다. 사회자는 대한민국 선수단이 입장할 때 프랑스어로는 'République populaire démocratique de corée'로, 영어로는 'Democratic People's Republic of Korea'로 불렀다. 텔레비전을 지켜보던 우리 국민을 어리둥절하게 하는 장면이었다. 혹시 뒷부분 'Republic of Korea'에 초점을 맞춘 실수가 아닌가 싶다.

2014년 평창으로 가려던 케냐인이 평양에 도착하는 일이 있었다고 한다. 평창과 평양의 영어 표기가 비슷한 데다 국호 또한 비슷해서 항공사 직원이 북한의 평양으로 오해해서 '평양행' 티켓을 발행했던 것이다.

우리가 편의상 사용하는 'South Korea'는 외국인에게 확실하게 북한과 구분 지어주는 효과가 있지만 우리의 정식 국호와는 거리가 있다.

2013년 서울시가 미국 유력지 〈뉴욕타임스〉에 전면 컬러 광고를 실었다. "서울은 나의 ○○입니다"의 빈칸을 채우라는 내용이었는데, 맨 위에 작은 글씨로 "서울은 남한의 수도입니다(Seoul is the capital of South Korea)"라며 나라 이름을 'South Korea'라고 써서 논란을 빚은 적이 있다.

이처럼 영어 국호는 우리보다는 외국과의 관계에서 매우 중요하게 작용한다. 아마도 우리의 영어 국호가 처음 사용된 것도 우리의 내부가 아닌 외부, 즉 해외일 것이다.

대한민국의 영어 국호는 일본에서 활동하던 포르투갈 사람 예수회 선교사 가스파르 비렐라(Gaspar Vilelar)가 1571년 친구에게 보낸 편지에서 비롯됐다고 한다. 그는 편지에서 '高麗(Coray)'의 존재를 확인하면서, 만주로 들어가는 길목에 위치한 조선에 대한 그리스도교 선교 문제에 관심을 표현한다.

벨기에 지도학자 아브라함 오르텔리우스(Abraham Ortelius, 1527~1598년)가 《지구의 무대(Theatrum Orbis Terrarum)》를 만들면서 우리나라를 'Corea Insula(코레아 섬)'이라고 표기하고 남북의 길쭉한 섬 형태로 그린다.

이렇게 조선의 존재감이 알려지면서 여러 선교사가 자주 언급하거나 책을 내기도 했다. 이중 선교는 물론이거니와, 유럽의 과학과 문화를 중국에 전했다고 알려진 이탈리아 예수회 소속 신부 마테오 리치(Matteo Ricci, 중국명 利瑪竇, 1552~1610년)가 자신의 책에서 임진왜란에 관한 소식을 전했다. 그는 일본 관백(關白, 정무직)이 죽고 일본군이 퇴각하면서 코리아(Coria)에서의 잔인한 전쟁이 끝났다며 우리나라를 '코리아(Coria)'라고 썼다. 이 밖에도 많은 서양인이 자신의 책에서 우리나라를 언급했다.

이런 가운데 1877년 파리에서 나온 《세계지도》〈아시아〉편에서 '조선(Corée)'과 중국과의 관계를 언급하면서 국호 'Corée'를 사용한다.

아라비아 상인들을 통해 '고려'가 유럽에 알려졌고, 유럽인들이 '고려'를 '코레(Core, Kore)'나 '코리(Kori)'로 불렀다고 한다. 그런데 영어 국호 맨 마지막 알파벳 'a'는 '~의 땅'이란 의미에서 붙여졌다고 한다. '코레-아(Corea)', '코리-(Korea)', '코리-아(Koria)'가 되었다. 프랑스어로 'Corée', 스페인어로 'Corea', 영어로 'Korea'가 되었다.

미국이 우리나라를 공식 문서에서 표기할 때 가장 먼저 사용한 건 'Corea'였다고 한다. 미국 잭슨 행정부의 맥레인(McLane) 국무장관이 1834년 우리나라와 조약을 체결하면서 'Corea'라고 표기했다고 한다. 1845년 프래츠(Zadoc Pratt) 의원이 조약 체결을 제안한 문서의 제목이 'Extension of American Commerce-Proposed Mission to Japan and Corea'로 우리나라를 'Corea'로 쓰고 있다. 하지만 미국은 제너럴 셔먼호 사건 때는 'Corea', 신미양요 때는 'Corea'와 'Korea'를 함께 썼다고 한다.

그런데 한미통상수호조약의 공식 표기는 'Kingdom of Chosen'이었다. 당시 일본에 의해 '조센'으로 불렸던 점에서 이렇게 표기한 것으로 보인다. 이후 미국에서는 'Corea'와 'Korea'를 함께 사용했다. 그러다 1890년 이후에 미국 무성이나 영국왕립지리학회의 표기법에 따라 'Korea'가 되었다.

'조선'에서 국호를 바꾼 '대한제국'은 'Korea'를 사용했다. 1905년 을사늑약 반대를 위해 고종이 루스벨트 대통령에게 헐버트를 밀사로 파견하면서 들려 보낸 밀서 제목이 'The Letter of the Emperor of Korea to the President of the United States of America, October 1905'였다. 이후 임시정부를 비롯해 카이로 선언, 그리고 해방 후 남북한 모두 'Korea'를 사용한다.

그런데 'Corea'가 'Korea'로 바뀐 시기가 구한말 대일항쟁기 전후인 점에서 일제가 'Korea'를 자신들의 국호 'Japan'보다 뒤에 배치하기 위해 'C'를 'K'로 바꿨다는 주장이 제기되기도 한다. 사실 여부를 따지는 일은 차치하더라도, 일제가 우리나라를 폄훼하기 위해 충분히 할 법한 짓이라는 인상을 지을 수 없는 것은 나만의 생각일까.

이제 우리는 영어 국호도 격에 맞게 사용해야 한다. 'Korea'나 'South Korea'는 한글 국호 약칭인 '한국'과 다를 바 없다. 2002년 한·일 월드컵을 계기로, 국호를 모두 부르는 사회 분위기에 따라 '대한민국'에 걸맞은 'Republic of Korea'로 불러야 하지 않을까.

통일 국호를 어떻게 할 것인가

　이제 국호 이야기의 대미를 장식할 차례다. 사실 어떤 주제를 다룰 것인지 고민할 필요가 없을 듯싶다. 길든 짧든 앞에서 한반도 남과 북의 국호 이야기를 살펴보았잖은가. 그렇다면 주제도 '통일'해야 하지 않을까.
　그런데 이 '통일 국호'를 깊이 생각해 볼 겨를도 없이 큰 걸림돌부터 발끝에 차인다. 북쪽의 김일성이나 김정일 시대에는 '통일'이 남북 모두에게 당연히 추구해야 할 목표였다. 꼭 이루어야 할 민족의 과제였다.
　그런데 2023년, 김정은 위원장이 한반도에는 '대한민국'과 '조선민주주의인민공화국'의 '적대적 두 국가'만 존재한다고 선언했다.
　이 선언의 행간에는 생각보다 깊은 의미가 담겨 있다. 이제 통일 따위는 생각할 필요가 없다는 선언이나 다름없는 것처럼 보인다. 북한은 요즘 우리 남한을 지칭할 때 반드시(?) '대한민국'이라는 정식 국호를 사용하고 있지 않은가.
　그럼에도 우리의 100년도 안 된 현대사가 반만년 '통일'의 역사를 덮을 수는 없다.
　그동안 우리는 통일의 역사를 만들어왔다. 단군조선은 시간이 흐르면서 세

나라, 즉 고구려, 신라, 백제로 나뉘었지만, 결국 신라가 하나의 나라로 통일했다. 이 통일신라 역시 시간이 흐르면서 다시 분열하여 세 나라가 된다. 고려, 후백제, 신라. 하지만 이 세 나라도 고려가 다시 하나의 나라로 통일하지 않았는가.

이후의 우리 역사는 조선으로 이어지면서 분열하지 않았다. 다만 1945년에 이르러 목숨을 건 독립운동으로 대일항쟁기를 버티며 독립을 쟁취한 나라가 강대국들의 이익에 따라 다시 분열된다. 그 분열은 '분단'이란 정치 용어를 작동시키며 오늘도 여전히 계속되고 있다.

이런 상황에서 김정은 위원장의 '적대적 두 국가' 선언은 분열의 역사를 계속하겠다는 의미로 받아들여져 문제의 심각성을 더한다.

물론 민족이나 국가의 개념이 옛날과 지금이 매우 다르다는 점을 들어 '분단 고착화'가 불가피하다고 주장할 수 있다. 그러면서 어쩔 수 없다면 '적대적 공존'이 아니라 '협력적 상생'이 훨씬 현실적이지 않겠느냐고 한다. 모두 일리 있는 이야기다.

하지만 두 국가 이야기가 나온 지 얼마나 됐다고 벌써 쉽게 그것을 인정하려 하는가. 더욱이 열강에 둘러싸인 한반도 정세는 예측하기 어렵다. 언제 어디서 어떤 일이 일어나 역사의 물줄기를 바꿔놓을지 모른다. 그런 점에서 비록 공허한 헛수고가 될지라도 통일 국호에 대해 생각해 보는 일은 의미가 있다.

그렇다면 통일 한반도의 국호는 어떻게 정해야 할까. 국호는 그 나라의 역사가 쌓아온 정체성을 담고 있어야 한다. 국호만 보고도 그 나라가 어떤 나라인지 알 수 있다면 금상첨화이리라.

그래서 우리의 통일 국호는 대한민국과 조선민주주의인민공화국으로 상징되는 분단 현대사는 물론이거니와, 단군조선부터 대한제국에 이르는 역사를 아울러야 한다고 생각한다.

혹자는 그런 이름이 과연 가능하기나 할까, 하며 부정적인 반응을 보일지도 모르겠다. 인정한다. 어렵다.

그런데 우리나라의 정체성을 상징하는 것이 무엇인지를 찾고, 이를 국호에 담으면 되지 않을까.

나는 지금까지 국호 '대한민국'을 추적하면서 우리의 정체성을 고스란히 나타내는 단어를 찾았다. '한(韓)'이다. '한'은 단군조선부터 대한민국까지 모든 역사를 상징한다. 꼭 그것뿐이냐고 묻는다면 단어 하나를 추가하겠다. '조선(朝鮮)'이다. 이 역시 단군조선부터 근대사를 거쳐 북한의 국호에 들어 있다.

알다시피, '한'과 '조선'은 국호에 관한 이야기를 할 때면 으레 등장하는 가장 강력한 후보군이었다. 그래서 '우대한 좌조선'이라는 말이 해방공간의 국호 논의를 설명하는 열쇳말이 되지 않았는가.

해방공간에서 중도파가 주장했던 '고려'도 검토 대상에 넣을 수 있을 것 같다. 글로벌 시대에 국제적으로 통용되면서 국호를 그대로 영문 'Korea'로 표기할 수 있기 때문이다. 한글과 영어로 함께 표기할 수 있는 '국호'가 이것 말고 또 있을까 싶기도 하다.

아니면 제3의 국호도 생각해 볼 수 있으리라. 다만 이때는 기존의 국호는 아예 기억에서 지워버리고 백지상태에서 고민해 보는 게 좋을 듯싶다. 선입관이 주는 힘이 생각보다 세다. 온통 그 범주 안에만 가둬두려고 하기 때문이다. 나 역시 이 꼭지를 쓰면서 그 선입견을 벗어던지지 못하고 있다.

여기서 어느 것이 더 좋으냐는 식의 질문을 하지 말자. 다만 만약 나라면 통일 국호를 무엇으로 정하면 좋을지에 대해 생각해 보자. 지금부터 미리 생각해 놓아야 통일이 불시에 찾아와도 대비할 수 있지 않을까.

에필로그

이토록 부르고 싶은 국호 대한민국

우리'도' 몰랐던 국호 '대한민국'의 역사적 배경과 의미를 찾아 나선 여정이 끝났다. 솔직히 나는 출발할 때만 해도 이게 과연 한 권의 책으로 묶일 수 있을까 싶었다. 그런데 내 손에 맞춘 듯 잡히는 근사한 실물은 나를 '감동'에 젖게 했다.

이 '감동'에는 책 한 권을 써냈다는 대견함만 들어 있는 게 아니다. 우리나라 국호 '대한민국'의 의미를 '재발견'한 기쁨과 앞으로 무한히 사랑하겠다는 '애국심'까지 담겨 있다.

사실 나는 초고를 써놓고도 이런 감정을 느끼지 못했다. 담담했다고나 할까. 그런데 그 무렵 출판사 대표가 전화를 걸어와 책 제목에 대해 생각해 보자고 했다. '이토록'이란 부사를 넣으면 좋겠다는 말을 덧붙이면서. 출판사에 '이토록'을 넣은 책이 몇 권 있는데, 공식적인 시리즈 이름은 아니더라도 의미가 좋아 계보를 만들고 싶다고도 했다.

솔직히 나는 시큰둥했다. '이토록' 뒤에 달려야 할 낱말이 '긍정'의 의미가 있어야 하는 것 아닌가. 그렇다면….

처음 자료를 뒤져 공부할 때는 우리 국호 '대한민국'에 대한 자부심이 거의 없었다. 광복 후 국호를 지으면서도 이념에 흔들렸고, 다수파가 일방적으로 밀어붙였다는 인상을 지울 수 없어서였다.

특히 이승만 대통령이 제헌국회에서 국호를 정할 때 했던 말이 내 의식의 꼬리를 지금까지 강하게 붙잡고 있었기 때문이다. "국호는 나중에 다시 바꿀 수도 있으니 일단 '대한민국'으로 하자." 심하게 논리를 비약해 비판하면, 갈 길이 머니 국호 따위는 대충하고 나중에 정하자, 뭐 이런 거 아닌가 하는 생각이 들었던 것이다. 그야말로 제헌헌법을 제정하는 게 국호보다 더 중요하다는 논리였다.

요즘 유행하는 말처럼 백번 양보해 그럴 수 있다 치자. 그런데 그 이후 국호에 대한 논의는 다시 이루어지지 않았다. 이것은 바꿨느냐 안 바꿨느냐의 문제가 아니다. 나라가 안정됐으면 다시 한번 진지하게 챙겨봐야 하지 않는가. 더욱이 그렇게 하겠다고 약속까지 하지 않았는가.

혹자는 이승만 대통령이 독재 놀이에 몰두하기에도 시간이 부족할 판에 국호 따위 언감생심이라고 말하기도 한다. 이 말에 다 동의하는 바는 아니지만 얼핏 설득력이 있다는 생각도 들었다.

우리가 국호에 대해 다시 한번 생각하고 목청껏 불렀던 적이 있다. 2002년 한·일 월드컵 때다. 그때 우리는 '대~한민국'이라는 국호 앞에 모두 뭉쳤다. 한목소리로 외치지 않았던가.

이후 '대~한민국'은 국가 대항 축구 경기가 있으면 으레 등장하는 '구호'로 기능했다. 그런데 아쉬운 점은 그 이상이 없었다는 것이었다. '대~한민국'은 구호이기에 앞서 우리나라의 이름이 아닌가.

아무리 의미 있는 것이라 해도 질리도록 외치다 보면 그 본래의 의미는 사라지고 구호만 남기 마련이다. 지금 우리나라 이름도 그 꼴이 된 게 아닌가 싶었다.

그런데 역사는 '반전'을 먹고 산다는 말을 증명이라도 하는 듯한 일이 벌어졌다. 민주주의를 후퇴시키고 총부리를 국민에게 겨눈 대통령이 탄핵과 파면됐다. 처음 대통령이 계엄령을 선포했을 때는 세계인들의 비아냥거리는 눈빛이 두려웠다. '대한민국'이라는 나라 이름이 '이토록' 부끄러웠던 적이 있었던가.

그런데 그 계엄과 내란을 곧바로 끝내는 대한민국 '국민'의 저력을 칭찬하는 친구들이 많다는 캐나다 사는 딸의 이야기를 전해 듣고는 이 무슨 반전인가 싶었다.

그랬다. 우리는 이번 계엄과 내란을 겪으면서 힘들게 공들여 쌓은 민주주의의 탑을 망치는 것은 순식간이라는 점과 이를 곧추세우는 것 또한 켜켜이 쌓인 민주주의에 대한 열망이었다는 것을 알았다.

우리는 해냈다. 이렇게 나쁜 역사를 훌륭하게 세계의 모범으로 반전시켰다. 대한민국의 저력 아닌가. 특히 계엄을 겪지 못한 젊은 세대가 앞에서 외치면, 경험 있는 세대는 뒤에서 밀었다. 4·19의거가 그랬고, 6·10항쟁이 그랬다. 광주가 그랬고, 제주가 그랬다. 이 모든 피의 역사에는 '대한민국'의 정신이 작동했다.

대통령 파면으로 생긴 조기 대선 기간에 나는 캐나다 딸네를 방문했다. 그곳에서 만나는 외국인들의 부러운 눈길을 잊을 수 없다. 만약 자기 나라가 그런 지경이 되면 자기들은 과연 대한민국처럼 빠르게 극복할 수 있겠느냐고 했다. 그들은 하나같이 부러움을 넘어 경이로움을 표현했다.

이제 이 글을 마무리하며 책 제목도 정했다. 국내외의 여러 반응을 겪으면서 퇴고를 위해 다시 읽는 글이 달리 다가왔다. 내가 쓴 게 맞나 싶을 만큼 곳곳에서 우리나라에 대한 '자부심'을 느낄 수 있었다.

그렇다면 책 제목을 정하는 일이 어렵지 않을 것 같았다. 몇 가지 후보를 놓고 고민하다 지금 우리 국민이 어떤 마음을 가지고 있을까에 초점을 맞췄다. 그리고 정했다. 이렇게. '우리도 몰랐던 국호 대한민국'이라고.

이 책을 마무리한다. 아마 여러분은 이 책을 읽고서, 우리나라 국호 '대한민국' 속에 이렇게 많은 의미와 역사가 담겨 있었던가 하고 재발견했을 테다. 아울러 그로 인해 '대한민국'이라는 이름만 들어도 자긍심이 한껏 솟아오르는 경험도 했을 것이다.

이제 국호 '대한민국'은 우리의 정체성을 오롯이 담고 있는 '그 무엇'임을 알았다. 우리는 '그 무엇'을 위해 무엇을 할 것인지 깊이 생각하고 실천해 보아야 한다.

논문

- 김병로, 〈고려 혹은 대한조선: 통일국가의 명칭에 관하여〉, 2020, 《통일정책연구》(통일연구원) 제29권 1호, pp.89~114
- 박광민, 〈고조선 국명 및 지명에 관한 어원적 고찰〉, 2019, 《온지논총》(온지학회), vol., no.60, pp.187~218
- 박영실, 〈조선민주주의인민공화국 국호 제정과정 연구〉, 2018, 《북한학연구》(동국대 북한학연구소) 제14권 제1호, pp.121~146
- 신명호, 〈국호에 숨겨진 우리 역사〉, 2008, 《다양한 문화로 본 국가와 국왕》(국사편찬위원회)
- 윤대원, 〈일제의 한국병합과 '한국 황실 처분'의 정략적 함의〉, 2017, 《규장각》(서울대학교 규장각한국학연구원) vol., no.50, pp.303~330
- 윤명철, 〈'한국(韓國)' 국호의 어원과 의미 분석〉, 2017, 《고조선단군학》(고조선단군학회) 제37호, pp.111~148
- 이민식, 〈'한국'에 대한 영문표기는 Corea인가? Korea인가?〉, 2007, 《한국사상과 문화》(한국사상문화학회) vol., no.36, pp.267~282
- 이완범, 〈국호로 본 대한민국 임시정부와 대한민국〉, 2012, 《한국독립운동과 대한민국》(광복 67주년 및 독립기념관 개관 25주년 기념 학술심포지엄), pp.75~119
- 임대식, 〈일제 시기·해방 후 나라 이름에 반영된 좌우 갈등〉, 1993, 《역사비평》(역사비평사) 1993년 여름호, pp.35~50
- 정구복, 〈우리나라 국호고〉, 2013, 《장서각》(한국학중앙연구원) 제29집, pp.308~329
- 허완중, 〈헌법 일부인 국호 '대한민국'〉, 2017, 《인권과 정의》(대한변호사협회) 제467호, pp.35~53
- 허태용, 〈朝鮮王朝의 건국과 國號문제〉, 2015, 《한국사학보》(고려사학회), no.61, pp.145~172

인터넷

- 국사편찬위원회 '조선왕조실록'(https://sillok.history.go.kr/main/main.do;jsessionid=UVauv1zy9j9_5dBPPSUOLK-8bx4OZttIO83kpb__.node20)
- 국사편찬위원회 '한국사데이터베이스'(https://db.history.go.kr/)
- 김삼웅, [김삼웅의 인물열전_한글운동의 선구자 한힌샘 주시경 선생/39회] 한글의 '한'은 민족고유 국호의 뜻 담겨, 2020. 04. 06., 인터넷 신문 〈오마이뉴스〉(https://www.ohmynews.com/NWS_Web/View/at_pg.aspx?CNTN_CD=A0002629741)
- 김찬, [김꼴의 신화로 배우는 한자] 한국(韓國)의 韓(나라이름 한)의 응용, 2025. 03. 27., 인터넷

신문 〈뉴시안〉(https://www.newsian.co.kr/news/articleView.html?idxno=78088)
❖ 대한민국국회 '제헌국회 속기록'(https://db.history.go.kr/item/cons/level.do?levelId=cons_001_0020_0010_0020_0020)
❖ 행정안전부 '국가기록원'(https://theme.archives.go.kr/cyber)

책

❖ 강응천, 《국호로 보는 분단의 역사》, 2019, 동녘
❖ 김운회, 《대쥬신을 찾아서》, 2013, 해냄
❖ 김진명, 《천년의 금서》, 2009, 새움
❖ 김현구, 《임나일본부는 허구인가》, 2010, 창비
❖ 노마 히데키, 《한글의 탄생》, 2022, 박수진·김진아·김기연 옮김, 돌베개
❖ 박찬승, 《대한민국은 민주공화국이다》, 2013, 돌베개
❖ 삼균학회, 《소앙 선생 문집》, 1979, 횃불사
❖ 신채호, 《조선상고사》, 2014, 김종성 옮김, 위즈덤하우스
❖ 심지연, 《미·소공동위원회 연구》, 1989, 청계연구소출판국
❖ 앙드레 슈미드, 《제국 그 사이의 한국 1895~1919(원저: Korea Between Empires 1895~1919)》, 2007, 정여울 옮김, 휴머니스트
❖ 여운홍, 《몽양 여운형》, 1967, 청하각
❖ 오인동, 《꼬레아, 코리아》, 2008, 책과함께
❖ 왕부, 《잠부론》, 2009, 임동석 옮김, 동서문화사
❖ 이선민, 《'대한민국' 국호의 탄생》, 2013, 대한민국역사박물관(나남)
❖ 최남선, 《조선상식문답》, 2011, 기파랑
❖ 황태연, 《대한민국 국호의 유래와 민국의 의미》, 2016, 청계

사진

1. 공공누리 / 한국학중앙연구원(https://www.aks.ac.kr/index.do)
2. 이승만대통령 기념재단(https://rheesyngmanfoundation.or.kr)
3. 2016년 서울시 제공으로 서울역사박물관에서 열린 '격동의 서울 1945~1948전'에 전시한 사진.
4. 위키피디아(https://www.wikipedia.org)
5. 위키피디아

6. 위키피디아
7. 위키피디아
8. 위키피디아
9. 공공누리 / 한국학중앙연구원
10. 공공누리 / 한국학중앙연구원
11. (사)몽양여운형선생기념사업회
12. National Museum of the U.S. Navy(https://www.history.navy.mil/content/history/3.museums/nmusn.html)
13. The U.S. National Archives and Records Administration(https://www.archives.gov/)
14. National Museum of the U.S. Navy
15. 국가기록원(https://www.archives.go.kr/next/viewMainNew.do)
16. 위키피디아
17. 공공누리 / 한국학중앙연구원
18. 출처 미상
19. 공공누리 / 한국학중앙연구원
20. 국립중앙도서관 '대한민국 신문 아카이브'(https://www.nl.go.kr/newspaper/index.do)
21. 백범김구선생전집 편찬위원회, 《백범 김구 전집》 8권, 1999, 대한매일신보사
22. 공공누리 / 한국학중앙연구원
23. 위키피디아
24. 고려대학교 박물관(http://museum.korea.ac.kr)
25. 공공누리 / 한국학중앙연구원
26. 권영민, 《한국현대문학대사전》, 2004, 서울대학교출판부
27. 설정식, 《설정식 문학전집》, 설희관 엮음, 2012, 산처럼
28. 행전안전부 전자관보(https://gwanbo.go.kr/main.do)
29. 공공누리 / 한국학중앙연구원
30. 위키피디아
31. 행전안전부 전자관보
32. 공공누리 / 한국학중앙연구원
33. 우리역사넷(https://contents.history.go.kr/front)
34. 위키피디아
35. 공공누리 / 한국학중앙연구원
36. 위키피디아
37. 공공누리 / 한국학중앙연구원

38. 국가유산청(https://www.khs.go.kr/main.html)
39. 한국학중앙연구원
40. 공공누리 / 한국학중앙연구원
41. 《아틀라스 한국사》(한국교원대학교 역사교육과·송호정·이병희·김한종·이용기, 2022, 사계절) 등 여러 자료를 참고.
42. 독립기념관(https://i815.or.kr)
43. 독립기념관
44. 위키피디아
45. 위키피디아
46. 행정안전부 전자관보
47. 행정안전부 전자관보

우리도 몰랐던 국호
대한민국

초판 1쇄 발행	2025년 10월 2일
지은이	조성일
펴낸이	신민식
펴낸곳	가디언
출판등록	제2010-000113호
주소	서울시 마포구 토정로 222 한국출판콘텐츠센터 419호
전화	02-332-4103
팩스	02-332-4111
이메일	gadian@gadianbooks.com
CD	김혜수
마케팅	남유미
디자인	미래출판기획
종이	월드페이퍼(주)
인쇄 제본	(주)상지사P&B
ISBN	979-11-6778-169-7 (03910)

* 책값은 뒤표지에 적혀 있습니다.
* 잘못 만들어진 책은 구입하신 서점에서 바꾸어 드립니다.
* 이 책의 전부 또는 일부 내용을 재사용하려면 사전에 가디언의 동의를 받아야 합니다.